W0243615

Christiane Nadjé-Wirth

In tiefster Nacht erschienen

Andachten und Gottesdienstentwürfe für die Advents- und Weihnachtszeit

neukirchener verlag

MIX
Papier aus verantwortungsvollen Quellen
FSC® C014138

Bibliografische Information der Deutschen Nationalbibliothek:
Die Deutsche Nationalbibliothek verzeichnet diese Publikation in der Deutschen Nationalbibliografie; detaillierte bibliografische Daten sind im Internet über http://dnb.d-nb.de abrufbar.

© 2018 Neukirchener Verlagsgesellschaft mbH, Neukirchen-Vluyn
Alle Rechte vorbehalten
Umschlaggestaltung: Grafikbüro Sonnhüter, www.sonnhueter.com, unter Verwendung eines Bildes von © mythja (shutterstock.com)
Lektorat: Rahel Dyck, Bonn
DTP: Breklumer Print-Service, www.breklumer-print-service.com
Verwendete Schrift: Chapparal Pro, Myriad Pro
Gesamtherstellung: Finidr, s.r.o.
Printed in Czech Republic
ISBN 978-3-7615-6548-3

www.neukirchener-verlage.de

Inhalt

Vorwort

„Weil Gott in tiefster Nacht erschienen, kann unsre Nacht nicht traurig sein. Der immer schon uns nahe war, stellt sich als Mensch den Menschen dar." So beginnt das schöne Weihnachtslied von Dieter Trautwein (EG 56).

Advent, Weihnachten, Jahreswechsel. Eine besondere Zeit in den dunkelsten Wochen des Jahres, in denen sich die Sehnsucht nach Licht, nach Hoffnungszeichen bei vielen Menschen deutlicher als sonst im Jahr meldet – bei mir selbst auch. Und ich bin der tiefen Überzeugung, dass wir solche Zeichen auch finden können. Und zwar in dem, was wir täglich erleben. Im Schönen und im Schweren. Im Hellen und im Dunklen. Das heißt für mich Inkarnation. Gott verbindet sich wirklich und echt und spürbar mit unseren menschlichen Leben. Mein Wunsch als Predigerin ist es, den Menschen eine Idee zu schenken, wo sie in ihrem Leben nach Gott Ausschau halten können. Eine große Chance gerade in dieser Kirchenjahreszeit.

Aber mir ist auch sehr bewusst und ich erlebe das ja selbst jedes Jahr, wie verdichtet diese Wochen im Arbeitsalltag für die im Predigtdienst Tätigen sind. Eine Veranstaltung jagt die nächste, ständig müssen gute Worte gefunden werden– und am besten welche, die man vorher noch nicht gefunden hatte. Und zu Heiligabend und zum Jahreswechsel, da sind die Kirchen voll und die Menschen wünschen sich schöne Gottesdienste. Das ist wunderbar – aber diese müssen auch vorbereitet werden.

Ich freue mich, wenn ich mit diesem Buch helfen kann, dass Predigerinnen und Prediger nicht jedes Jahr wieder alles neu erfinden müssen. Für mich war in den letzten Jahren manche fremde Idee Inspiration und Lustmacherin für das eigene Predigen. Und auch schon manchmal der Strohhalm, der mir geholfen hat, nicht in der Arbeitsfülle unterzugehen.

Ihnen allen eine gesegnete Zeit mit genug Kraft für die vielen Aufgaben – und Spaß daran!

Christiane Nadjé-Wirth, Boffzen

Zu diesem Buch: Es ist in drei Teile geteilt. Teil I: Advent; Teil II: Heiligabend/Weihnachten; Teil III: Zwischen den Jahren/Jahreswechsel/Epiphanias. Die Teile beginnen jeweils mit einigen vorangestellten kurzen Texten, die für Andachten in Gruppen oder Gremien oder Zeitungs- und Gemeindebriefbesinnungen geeignet sind. Es folgen ausformulierte Gottesdienstentwürfe und die eine oder andere weitere Predigt.

Zu zwei Weihnachtsgottesdiensten gehört jeweils eine Bildbetrachtung. Es muss natürlich im Vorfeld entschieden werden, in welcher Form man die Bilder präsentiert.

Teil I:
Advent

Erst einmal ankommen[1]

Andacht oder Gemeindebriefbesinnung im Advent

Zwei Stunden unterwegs auf der Autobahn: Baustellen, Stau, quengelnde Kinder.

Es geht zum Besuch bei der Tante. Endlich da. Die Tür geht auf. Und es duftet schon nach selbst gebackenem Kuchen. Köstlich. Wunderbar! „Kommt, zieht euch schnell aus. Was wollt ihr trinken, Kaffee, Tee? Ich habe auch Rotbuschtee, wenn ihr den anderen nicht wollt. Oder lieber erst etwas Kaltes? Apfelschorle für die Kinder? Mein Gott, sind die groß geworden. Wie ist es denn in der Schule?" Es sprudelt nur so aus ihr heraus. Die Kinder fühlen sich überfallen und reagieren so, wie Kinder in solchen Fällen eben reagieren – genervt. Es zuckt leicht um die Mundwinkel der Tante. „Lass uns erst einmal ankommen. Wir brauchen noch einen Moment." Puh ... Situation entschärft! Und dann wird es ein richtig schöner Nachmittag.

Erst einmal ankommen. Ich habe manchmal den Eindruck, dass wir das einander und uns selbst gar nicht mehr zugestehen. Da gewinnt eine Partei eine politische Wahl und nach sechs Wochen wird schon geschimpft, dass sie die Lage nicht in den Griff kriegt. Müssen nicht auch Politiker erst einmal ankommen dürfen? Und Chefs

---

1 Gesendet bei Moment Mal, NDR 2, 01.12.2017, Evangelische Radio- und Fernsehkirche im NDR.

und Bischöfe und Neffen und Großeltern und, und, und. Jeder, der in eine neue Situation kommt, muss die Gelegenheit haben, erst einmal wahrzunehmen, was ist und was nötig ist. Und Zeit, um zu überlegen, wie er sich selbst einbringen kann. Schnellschüsse haben sich ohnehin schon oft als falsch herausgestellt.

Erst einmal ankommen. In einer Situation ankommen. Bei den Menschen ankommen, mit denen ich zu tun habe. Und bei mir selbst ankommen. „Wir sind doch ständig bei uns", könnte man da erwidern. Aber stimmt das auch? Wann bin ich denn mal wirklich ganz bei mir? Und wie würde ich das merken? Dann vielleicht, wenn innen und außen übereinstimmt. Wenn ich nicht mit meinen Gedanken schon wieder ganz woanders bin. Wenn ich mich nicht ständig drängen lasse zu Dingen, die ich eigentlich gar nicht will. Wenn ich fröhlich Ja sagen kann, wenn ich Ja meine, und freundlich Nein, wenn ich Nein meine. Wir treffen manchmal Menschen, die in sich ruhen, mit sich selbst im Einklang sind. Vielleicht sind die bei sich selbst angekommen.

Der Advent erzählt vom Ankommen. Vom Ankommen Gottes in dieser Welt. Damals in Bethlehem und heute bei uns. Es ist für viele eine geschäftige Zeit, eine hektische Zeit. Hoffentlich nicht zu geschäftig, um zu merken, dass Gott auch Zeit zum Ankommen braucht.

Und hoffentlich nicht zu geschäftig, um sich nicht auch auf den Weg zu sich selbst zu machen. Vielleicht kommen wir dann ja sogar bei uns selbst an.

Von drauß' vom Walde komm ich her[2]

Andacht oder Gemeindebrieftext im Advent

„Von drauß' vom Walde komm ich her." Mussten Sie das auch aufsagen? Früher, unterm Christbaum? Ein langes Gedicht, das zur Weihnachtszeit gehört wie Plätzchen und Lichterketten. Von Knecht Ruprecht erzählt es, der auf die Erde geschickt wird, um die Kinder zu prüfen, und nach dieser Prüfung zu entscheiden hat: Rute oder Geschenke. Strafe oder Belohnung. Mit dem Hinweis auf ihn haben zu verschiedenen Zeiten Eltern in den Wochen vor Weihnachten ihren Erziehungsversuchen mehr Nachdruck verleihen wollen. Was aber eigentlich nicht im Sinne des Erfinders war. Theodor Storm hat dieses Gedicht 1862 geschrieben. Er fand selbst, es sei ihm sehr gut gelungen.

Storm liebte Weihnachten. Er hat mit Begeisterung Tannenzapfen vergoldet, Rauschgoldengel geschnitten – an seine große Papierschere durfte kein anderer heran. Es wurde gebacken, Prilleken mit Rosenwasser, Korinthen, Kardamom und 15 Eiern. Und dann wurde, Jahr um Jahr, das Gedicht vorgetragen, mit verteilten Rollen. Allerdings in einer längeren Fassung, als wir es gemeinhin so kennen. Und in dem, was die Tradition irgendwann vergessen hat, steckte die ei-

2 Gesendet bei Moment Mal, NDR 2, 08.12.2017, Evangelische Radio- und Fernsehkirche im NDR.

gentliche Botschaft. „Sind's gute Kind? Sind's böse Kind?" Mit dieser Frage endet der uns bekannte Text. Bei Storm folgt aber noch ein Streitgespräch zwischen Knecht Ruprecht und dem Vater der Kinder. Dieser antwortet nämlich: „Die Kindlein sind wohl alle gut, haben nur mitunter was trotzigen Mut." Knecht Ruprecht lässt nicht locker. Will wissen, ob sie denn auch gebührend bestraft werden für Ungehorsam. Der Vater wiegelt ab. Es sei schon in Ordnung. Knecht Ruprecht glaubt es nicht. Ob sie denn auch genügend lernen. Die Antwort des Vaters: „Sie lernen mit ihrer kleinen Kraft, wir hoffen zu Gott, dass es endlich schafft."

Ein liebevoller Vater sei Storm gewesen, heißt es, einer, dem preußischer Drill fremd war – ungewöhnlich zu seiner Zeit. Und so hat er seinen eigenen Kinder wohl vermittelt, was Weihnachten eigentlich sagen will: Dass sich da ein liebender Vater zu uns wendet. Ein Vater, der weiß, dass unsere Kraft oft nur klein ist, dass wir nicht immer so sind, wie wir eigentlich sein sollten. Ein Vater, der uns aber helfen will, immer mehr zu dem zu werden, was wir sein könnten. Der dafür seinen Sohn in diese Welt gesandt hat. Dieser Vater ist ganz bestimmt keiner, der mit der Rute hinter dem Rücken dasteht und wartet, dass wir einen Fehler machen, damit er uns bestrafen kann. Wer so von Gott spricht, der hat nichts verstanden. Nichts von Weihnachten und nichts vom Gott Jesu Christi überhaupt. Theodor Storm wusste das.

Der Morgenstern ist aufgedrungen

Eine Andacht im Advent

- ***Musik***
- ***Begrüßung/Eröffnung***

„Wenn man auch allen Sonnenschein wegstreicht, so gibt es doch noch den Mond und die funkelnden Sterne und die Lampe am Winterabend. Es ist so viel schönes Licht in der Welt.“[3] So sagt es der Dichter Wilhelm Raabe.

Der Advent ist die Zeit der schönen Lichter. In den Straßen, in den Fenstern. Diese Lichter erzählen von dem einen großen Licht, das unser Leben hell und warm machen kann.

Wir feiern diese Andacht im Namen Gottes des Vaters, der als erstes seiner Werke das Licht schuf, im Namen des Sohnes, der als Licht in diese Welt kam, und im Namen des Heiligen Geistes, der unser Herz und unser Leben erhellt.

Amen

---

3 Wilhelm Raabe: Die wichtigsten Novellen, Romane und Ezählungen. © Musaikum Books, OK Publishing 2017, „Die zweite Feder“.

- ***Lied EG 16 Die Nacht ist vorgedrungen***
- ***Gebet***

„Es wandert nun mit allen der Stern der Gotteshuld.“ Öffne unsere Augen und unsere Herzen, dass wir ihn erkennen zwischen all den anderen funkelnden Lichtern dieser Welt: den Stern, der dein Kommen ankündigt, der zeigt, wo du zu finden bist.
Amen

- ***Lesung aus Jesaja 40,25f*** *(Gute Nachricht)*

„‚Mit wem also wollt ihr mich vergleichen? Wer kann es mit mir aufnehmen?‘, fragt der heilige Gott. Seht doch nur in die Höhe! Wer hat die Sterne da oben geschaffen? Er lässt sie alle aufmarschieren, das ganze unermessliche Heer. Jeden Stern ruft er einzeln mit Namen, und keiner bleibt fern, wenn er, der Mächtige und Gewaltige, ruft.“

- ***Lied EG 511 Weißt du wieviel Sternlein stehen***
- ***Kurzpredigt***

Allüberall. In den Geschäften, in den Straßen, in den Häusern. In den Fenstern, an den Tannenbäumen. Gebacken, gesägt, gefaltet, geklebt. Aus Stroh und Stanniol. Sterne. Sie erinnern an den Stern von Bethlehem, der die Weisen aus dem Morgenland zum Kind geführt hat.

Sterne. In klaren Nächten am Himmel. Seit Jahrtausenden faszinieren sie die Menschen. Manche meinten, sie seien an das Firmament geheftet. Andere stellten sich vor, dass sie eigentlich Löcher im Himmelszelt sind, durch die das Licht hindurchscheint, das hinter dieser Welt leuchtet. Manche haben in ihnen Götter gesehen. Die Babylonier etwa. Andere meinten und meinen, die Sterne könnten die Zukunft vorhersagen, wenn man sie nur zu deuten versteht. Manche meinen, wenn sie unter diesem oder jenem Sternzeichen geboren sind, seien sie oder so. Seefahrer in früheren Zeiten haben nachts mit ihrer Hilfe Kurs gehalten.

Immanuel Kant, der große Philosoph, dem niemand besondere Romantik zuschreiben würde, sagte, es gebe für ihn zwei Beweise für die Existenz Gottes: das moralische Gesetz in seinem eigenen Gewissen und den bestirnten Himmel über ihm.

Sterne.

Und in all den unzählig vielen gibt es einen, der besonders ist. Eigentlich ist es gar kein Stern, es ist ein Planet, die Venus. Aber es geht hier nicht um wissenschaftliche Korrektheit. Unter zwei Namen ist sie seit Urzeiten bekannt, als Abend- und als Morgenstern.

Er ist der erste, der am Himmel zu sehen ist, wenn die Abenddämmerung hereinbricht. Und er ist der letzte, den wir am Morgen noch sehen können, bevor der Tag sich Bahn bricht. Zu den Übergängen schenkt uns dieser Stern sein Licht. Übergänge können schwierig sein. Die hereinbrechende Nacht kann Angst machen. Und manche Nacht kann zweifeln lassen, ob nach ihr noch ein neuer Tag kommt. Manchmal dauern Nächte lang und der Anbruch des Lichtes lässt lange auf sich warten. Aber wenn wir dann den Morgenstern sehen, dann kann die Hoffnung wachsen, dass es nicht mehr lange dauert, bis alles, die Welt, unser Leben, in Helligkeit getaucht wird.

Der Morgenstern ist aufgedrungen. Eines der ältesten Lieder in unserem Gesangbuch. Aus dem 15. Jahrhundert stammt die erste Strophe. Der Morgenstern. Bild für Christus. Das Licht, das in die Dunkelheit dieser Welt scheint. Er ist noch nicht der helle Tag. Das steht noch aus. Das Reich, in dem alle Finsternis aufgehoben ist, alles Leid, alle Not. Aber er ist der Morgenstern. Das Zeichen, das dafür bürgt, dass dieses Reich nicht mehr fern ist.

Amen

- ***Lied EG 69 Der Morgenstern ist aufgedrungen***
- ***Gebet***

Christus. Morgenstern.

Wir bitten um dein Licht, deinen Glanz.

Wir bitten für unser oft so glanzloses Leben. Schenke uns die

Kraft, um unseren Aufgaben gerecht zu werden. Lass uns immer wieder innehalten und uns besinnen auf das, was wirklich zählt. Und halte die Sehnsucht in uns wach nach dem Größeren, dem Schöneren, der Ewigkeit, nach deinem Licht.

Wir bitten für die, um die es dunkel geworden ist, für die Einsamen, für die Kranken, für die Trauernden, für die, die gerade den Weg vor sich nicht sehen können. Wir bitten für die Menschen, die ihre Heimat verlassen aus Angst um ihr Leben. Wir bitten für die, die in dieser Welt zu Opfern werden, Opfer von Krieg, Gewalt, Terror.

Christus, Morgenstern.

Wir bitten um dein Licht, deinen Glanz in unserem Leben.

Und wir bitten darum, dass wir mit unserem Leben dein Licht in dieser Welt widerspiegeln.

- ***Vaterunser***
- ***Segen***
- ***Musik***

Damit niemand deine Krone nehme … (Offenbarung 3,7–11)

Gottesdienst am 1. Advent

- ***Orgelvorspiel***
- ***Begrüßung***

Siehe, dein König kommt zu dir, ein Gerechter und ein Helfer.

Dieses Wort steht über der kommenden Woche und über der Zeit, die jetzt vor uns liegt. Diese Zeit ist anders als die anderen Zeiten im Jahr. Das wünschen wir uns jedenfalls. Sie soll ruhiger sein, besinnlicher, friedlicher. Und manchmal, für Momente, ist sie das auch. Vielleicht auch jetzt gerade, in diesem Gottesdienst. Siehe, dein König kommt zu dir. Wie schön!

Wir feiern diesen Gottesdienst im Namen des Vaters und des Sohnes und des Heiligen Geistes.

Amen

- ***Lied EG 1,1–3 Macht hoch die Tür***
- ***Psalm 24 (mit Lied EG 18,1 Seht die gute Zeit ist nah als Antiphon)***
- ***Eingangsliturgie***
- ***Eingangsgebet***

Gott, wir suchen dich in unserer Welt und in unserem Leben. Manchmal finden wir dich und manchmal bleibt alles offen. Heute sind wir hier, weil wir deinen liebenden Blick brauchen und die Zusage, dass du da warst und da bist und kommen wirst. Hilf uns, darauf zu hören und zu vertrauen.
Amen

- ***Hinführung zur Epistellesung***

„Siehe, dein König kommt zu dir." Wenn mein König zu mir kommt, müsste dann nicht alles auf Hochglanz poliert sein, mein Haus, mein Leben, ich selbst? Paulus sagt: Um Hochglanz geht es nicht, diesen König interessiert etwas ganz anderes.

- ***Lesung Epistel 1. Advent: Römer 12,8–12***
- ***Lied EG 182,1–4 Suchet zuerst Gottes Reich in dieser Welt***
- ***Hinführung zur Evangeliumslesung***

Krone, Reichsapfel, Heilige Lanze. In Wien im Museum liegen die Reichsinsignien der Kaiser des Heiligen Römischen Reiches Deutscher Nation. Zum Herrschen gehört die Demonstration der Macht. Wohl deshalb wählt Jesus für seinen Einzug nach Jerusalem den Esel, das Reittier der Könige im Alten Testament. Ein Triumphmarsch zunächst. Aber schon Stunden danach wird die Stimmung kippen, zwischen Ankunft in Jerusalem und Golgatha liegt nur wenig Zeit. Macht und Ohnmacht. Beides verschränkt sich ineinander bei diesem König. Wir hören die Erzählung vom Einzug Jesu in Jerusalem, dem einzigen Bibeltext, der zweimal im Kirchenjahr vorgesehen ist, heute und am Palmsonntag.

- ***Lesung Evangelium 1. Advent: Matthäus 21,1–11***
- ***Glaubensbekenntnis***
- ***Lied EG 9,1–4 Nun jauchzet all ihr Frommen***
- ***Predigt zu Offenbarung 3,7–11***

„Dem Engel der Gemeinde in Philadelphia schreibe: Das sagt der Heilige, der Wahrhaftige, der da hat den Schlüssel Davids, der auftut, und niemand schließt zu, der zuschließt und niemand tut auf: Ich kenne deine Werke. Siehe, ich habe vor dir eine Tür aufgetan, die niemand zuschließen kann; denn du hast eine kleine Kraft und hast mein Wort bewahrt und hast meinen Namen nicht verleugnet. [...] *Ich komme bald; halte, was du hast, damit niemand deine Krone nehme!" (Offenbarung 3,7f+11)*

Auf den Dachboden soll sie nicht allein, das weiß sie auch. „Du bringst immer alles durcheinander und wer räumt es dann wieder auf? Wir. Da hast du auch nichts verloren. Du hast genug Spielzeug in deinem Zimmer."

Aber es ist doch so schön dort. Die vielen Kisten, die alten Schränke. Voll mit Sachen. Ob die Großen überhaupt noch wissen, was sie alles da verstaut haben? Denn wenn sie es wüssten, würden sie doch verstehen, dass sie da hoch muss. Einfach auf Entdeckungsreise gehen muss.

Eine halbe Stunde hat sie. So lange dauert es mindestens, bis Papa von der Arbeit kommt. Heute durften sie aus der 6. Stunde etwas eher nach Hause gehen. Und sie hat ja jetzt einen eigenen Schlüssel. Nur mal eben gucken. Die Kiste dahinten in der Ecke, die kennt sie schon. Alte Marmeladengläser. Nichts Besonderes. Aber gleich dahinter, die kleine Truhe. Auf die ist sie schon seit letzter Woche gespannt. „Heute gucke ich da mal rein." Aus dünnem Holz ist sie, war mal dunkelbraun gestrichen, aber die Farbe ist an den meisten Ecken abgestoßen. In Weiß steht „Michael" darauf. Ein bisschen schief und das a ist auch nur so reingequetscht, vielleicht hatte das jemand vergessen und erst nur Michel geschrieben. Der Deckel klemmt. Zum Glück ist keiner im Haus, der das Quietschen hören könnte. Sie klappt ihn hoch und dann: wow! Da liegt sie mitten oben drauf. Ganz aus Gold, geschmückt mit Juwelen. Die schönste Krone, die sie je gesehen hat. Eigentlich sogar das Schönste überhaupt, was sie je gesehen hat. Lina weiß nichts von Blech und Glassteinen, na und? Sie sieht auch die Kratzer nicht und die kleine Beule und auch nicht, dass der rote Stein hinten links fehlt. Und das hier auf ihrem Dachboden! So ein Schatz. Wenn Papa das wüsste! Nur einmal kurz ausprobieren. Ganz vorsichtig anfassen, damit nichts kaputtgeht. Einmal aufsetzen. Und – sie passt. Wie für Lina gemacht. Vielleicht ist sie das ja auch. Es fühlt sich plötzlich so komisch an im Kopf und im Bauch. Und im Herzen auch.

„Mach die Augen zu", meint sie eine Stimme zu hören. Und das tut sie. Und ist plötzlich ganz woanders. In einem Saal voller Licht und Glanz. Die Musik spielt schon. Paare drehen sich im Tanz. Überall Funkeln und Lachen. Prinzessinnen sind da und Edelmänner. Aber auch andere: Handwerker und Bauern, Alte und Junge, Gesunde und Kranke. Und sie erinnert sich: Ja, stimmt. Ich, die Königin, habe die ja alle eingeladen. Um mit ihnen Weihnachten zu feiern. Wie schön, dass sie alle da sind! „Wie bist du hergekommen?", fragt sie einen, der an Krücken steht. „Wie hast du den weiten Weg geschafft?" – „Ach, das war gar kein Problem. Ich habe doch so liebe Nachbarn, die haben einfach einen kleinen Umweg gemacht und mich mit ihrem Wagen abgeholt." Ja, so etwas ist wirklich kein Problem in ihrem Reich. Das hat sie schon oft erlebt, wenn sie über die Felder und durch die Dörfer geritten ist, um nach dem Rechten zu schauen. Die Menschen helfen sich, achten aufeinander. Das musste sie auch gar nicht erst befehlen. Das tun die einfach so. „Hier, ich habe dir ein Stück Torte vom Buffet mitgebracht. Lass es dir schmecken!" Sie lächelt den Leuten zu und die lächeln zurück. Sie lieben ihre Königin. Schön ist es in ihrem Reich!

Lina merkt nicht, wie die Zeit vergeht. Hört auch nicht, wie sich der Schlüssel im Schloss dreht. Hört nicht, wie der Vater nach Hause kommt aus seinem Büro. ‚Michael Wehrmann, Steuerberater'. Was er in seinem Büro so arbeitet, weiß Lina nicht. Ist ihr aber auch egal.

Er hängt den Mantel auf, dreht sich um – und: „Das darf doch wohl nicht wahr sein. Lina, hast du die Tür zum Dachboden wieder aufgemacht? Wir heizen hier das Geld zum Fenster raus und du kümmerst dich gar nicht darum." Er stürzt die Treppe rauf. „Lina, was machst du hier? Du weißt doch, dass du nicht allein auf den Boden sollst. Wie oft haben wir dir das schon gesagt?"

Einen Moment scheint es ihr so, als wäre der schreckliche Drache aus dem Feuerberg erwacht, aber dann erkennt sie doch die Stimme des Vaters. „Oh, hallo Papa. Guck mal, was ich hier gefunden habe." – „Eine blöde Blechkrone, ja und? Und dafür wird unten alles kalt. Du hast doch genug Spielzeug in deinem Zimmer. Warum liegt dieser Krempel hier überhaupt noch rum?" – „Nein, nein, Papa, sie ist aus Gold. Und sie passt mir genau. Ich glaube, ich bin in Wirklichkeit eine Königin." – „Ja, träum schön weiter. Früher oder später kommst du auch in der Realität an." – „Wo ist die Realität?" – „Wo die Realität ist? Na, ganz einfach. Hier und Jetzt ist sie. Da, wo man schuften muss, um die Familie zu ernähren und die Schulbücher zu kaufen und die blödsinnigen Klack-Klack-Schuhe, die dann doch nur drei Wochen halten. Da, wo die Stromabrechnung am Jahresende kommt und man sich dann doch nur zwei Wochen Urlaub im Sommer leisten kann. Da, wo Herr Müller von nebenan seinen Wagen immer direkt vor unserer Einfahrt parkt. Da, wo einem nichts geschenkt wird und jeder sehen muss, wie er klarkommt. Bloß keine Schwäche zeigen! Da, wo Flüchtlinge aus Afrika im Mittelmeer ertrinken, weil sie noch einen letzten Funken Hoffnung hatten, dass es irgendwo besser wäre. Da, wo für Panzer mehr Geld ausgegeben wird als für Medikamente." Und dann mit rauer Stimme: „Da, wo ein Ehepaar sich nach 15 Jahren scheiden lässt, weil man sich nichts mehr zu sagen hat. Da ist die Realität." Mein Gott, das hat sie alles nicht gewusst. Das ist ja schrecklich mit der Realität! „Papa, was kann man denn da machen?" – „Nichts kann man da machen. Gucken, wie man irgendwie durchkommt. Nichts erwarten. Dann kann man auch nicht enttäuscht werden." – „Aber ist das nicht furchtbar traurig?" – „Was ist traurig?" – „Na, wenn man nichts mehr erwartet."

Er guckt nur. Ob er es vielleicht gar nicht weiß? Dass dahinter ein Land ist, wo die Menschen glücklich sind und gut zueinander? Wo die Nachbarn einen Umweg machen, um den Kranken abzuholen und ihn mit aufs Fest zu bringen? Und dann erzählt sie ihm davon. „Du musst nur die Krone aufsetzen, dann bist du da." Er schaut sie ungläubig an. „Hier, versuch mal." Er schmunzelt, nimmt die Krone und setzt sie sich auf. Ein bisschen zu klein ist sie. „Wo hast du die eigentlich her?" – „Da hinten in der Truhe war sie. Michael steht oben auf dem Deckel. Witzig, oder? Genauso wie du heißt." Er dreht sie vorsichtig hin und her. Wie lange mag das wohl her sein? Fast 40 Jahre bestimmt. Eine halbe Ewigkeit. Ob es wohl stimmt? Ob das Land noch da ist? „Du musst die Augen zumachen. Ja, genau so. Siehst du es auch? Siehst du den Saal und die Leute, die tanzen?", hört er sie fragen. Und spürt ihre kleine Hand in seiner großen. Und er nickt. „Ja, ich sehe es auch."

Siehe, ich komme bald. Halte, was du hast, dass niemand deine Krone nehme.

Amen

Und der Friede Gottes, der höher ist als unsere Vernunft, bewahre eure Herzen und Sinne in Christus Jesus.

- ***Lied EG 11,1–6 Wie soll ich dich empfangen, oder: Da wohnt ein Sehnen tief in uns***
- ***Abkündigungen***
- ***Lied EG 13 Tochter Zion***
- ***Fürbitten***

Herr Jesus Christus. Unser König und unser Freund.

Du bist zu uns auf dem Weg, heißt es. Dein Reich ist schon da, heißt es. Mitten unter uns. Wir bitten: Öffne uns Augen, Ohren und Herzen für die Zeichen deiner Gegenwart. Und nicht nur uns, sondern allen deinen Kindern.

Wir bitten für die, die traurig sind, einsam, krank. Die schon lange kein Licht mehr gesehen haben auf ihrem Weg. Dass sie neue Hoffnung bekommen.

Wir bitten für die Kinder auf dieser Erde, die ihr Leben und die Welt entdecken wollen, besonders für die, die dort, wo sie leben, kaum Chancen dazu haben. Dass sich für sie Wege auftun.

Wir bitten für die, die sich um andere kümmern, die Zeit und Geduld aufwenden, in den Krankenhäusern, Heimen, in den Familien. Dass ihnen die Kraft nicht schwindet.

Wir bitten für die, die das Sagen haben in dieser Welt. Dass sie klug sind und fragen, was den Menschen dient.

Wir bitten für deine Kirche. Dass sie den Menschen Räume gibt für ihr Fragen und Träumen.

- ***Vaterunser***
- ***Segen***
- ***Orgelnachspiel***

Mein Freund kommt (Hohelied 2,8–13)

Gottesdienst am 2. Advent

- ***Musik***
- ***Begrüßung***

Seht auf und erhebt eure Häupter, weil sich eure Erlösung naht.

Nicht mehr lange, dann zeigt er sich. Dann kommt er und alles wird anders, alles wird neu. Diese glühende Erwartung durchzieht die Bibel. Mehr als 2000 Jahre sind seitdem vergangen. Die Erwartung hat sich abgekühlt. Glauben wir noch, dass etwas anders werden wird? Dass Gott kommt und die Welt neu macht? Meist leben wir so vor uns hin. Aber manchmal meldet sich die Sehnsucht auch heute noch. Vielleicht besonders in diesen Wochen des Advents. Und vielleicht sind wir genau ihretwegen heute hier zusammengekommen. Und vielleicht will Gott sich uns genau heute zeigen.

Wir feiern diesen Gottesdienst im seinem Namen, im Namen Gottes des Vaters und des Sohnes und des Heiligen Geistes.

- ***Lied EG 1,1–3 Macht hoch die Tür***
- ***Psalm (aus Psalm 80)***

Du Hirte Israels, höre,
der du dein Volk hütest wie Schafe, erscheine!

Der du thronst über den Cherubim,
erwecke deine Kraft und komm uns zu Hilfe!

So wollen wir nicht von dir weichen.
Lass uns leben, so wollen wir deinen Namen anrufen.

Herr, Gott Zebaoth, tröste uns;
lass leuchten dein Antlitz, so genesen wir.

- ***Eingangsliturgie***
- ***Gebet***

Gott, wir sind zu dir gekommen. Mit den Freuden des Advents. Mit dem Schönen, das wir in der letzten Zeit erleben durften. Mit den Lasten, die wir zu tragen haben. Mit der Trauer und der Klage über die Dunkelheit in dieser Welt. Mit unseren Fragen und Zweifeln. Komm du nun auch zu uns. Zeig dich. Mach dich erkennbar. Das bitten wir im Namen deines Sohnes Jesus Christus, der mit dir und dem Heiligen Geist lebt und regiert von Ewigkeit zu Ewigkeit.

- ***Hinführung zur AT-Lesung***

So kann es doch nicht ewig weitergehen! So viel Gewalt und Unrecht, Leid und Trauer. Wann hört das denn endlich auf? – Das fragen sich viele Menschen. Wohl gerade im Advent. Die Klage über den Zustand der Welt ist aber nicht neu. 2500 Jahre alt sind die Worte aus dem Jesajabuch. Sie sind Ausdruck der leidenschaftlichen Sehnsucht nach dem Kommen Gottes. Die Lesung aus dem Alten Testament steht im 63. Kapitel.

- ***Lesung Altes Testament Jesaja 63,15ff***
- ***Lied EG 7,1–5 O Heiland reiß die Himmel auf***
- ***Hinführung zum Evangelium***

Diese Welt mit ihren Schrecken und ihrer Not ist nicht alles. Da kommt noch etwas. Das Reich Gottes. Jesus fordert dazu auf, den Kopf zu heben, um die Zeichen der Zeit zu erkennen.
Wir hören das Evangelium bei Lukas im 21. Kapitel:

- ***Lesung Evangelium Lukas 21,25ff***
- ***Glaubensbekenntnis***
- ***Lied EG 11,1 Wie soll ich dich empfangen***
- ***Predigt zu Hohelied 2,8–13***

Noch 2 Stunden und 47 Minuten. Dann kommt er an. In 2 Stunden und 17 Minuten wird sie sich in ihr Auto setzen und losfahren. Um ihn abzuholen. Am Bahnhof, Gleis 3.

Wie lange ist das jetzt her? Ein halbes Leben. Ob er sie wiedererkennt? Ganz so wie früher sieht sie nicht mehr aus. Graue Fäden im Haar, einige Kilo mehr. Sie steht vor dem Kleiderschrank. Blau mochte er immer gern. Sie möchte schön sein heute.

„Hey, weißt du noch, wer ich bin? Ich habe dein Facebook-Profil gesehen und möchte dich wiedersehen." Die Nachricht kam vor drei Wochen. Seitdem steht sie irgendwie unter Strom. Alles ist wieder da. Die Nachtspaziergänge an der Elbe. Die stundenlangen Telefonate. Der Tanz in den Mai 1992.

Noch 2 Stunden und 34 Minuten. Welcher Lippenstift? Welches Parfüm? Wie wird es sein, wenn sie sich gegenüberstehen? Ob er noch so lächelt wie früher? Und ob er die rechte Augenbraue immer noch so spöttisch hochzieht? Ob er den Wein mag, den sie gekauft hat? Ob es ihm bei ihr gefällt?

Die Zeit zieht sich wie Kaugummi. 2 Stunden und 21 Minuten. Sie wünscht sich so, dass dieser Abend schön wird.

Sehnsucht. Sich vorbereiten auf ein Wiedersehen. Auf die Ankunft des Freundes. In der Bibel heißt es im Hohelied Salomos: *„Da ist die Stimme meines Freundes. Siehe, er kommt und hüpft über die Berge und springt über die Hügel. Mein Freund gleicht einer Gazelle oder einem jungen Hirsch. Siehe, er steht hinter unsrer Wand und sieht durchs Fenster* *und blickt durchs Gitter. Mein Freund antwortet und spricht zu mir: Steh auf meine Freundin, meine Schöne, und komm her."*

Ein Liebeslied. Vielleicht eines der schönsten der Weltliteratur.

Das Lied der Lieder. So lautet die Überschrift in der hebräischen Bibel. Eine Sammlung von Gedichten. Freund und Freundin wechseln sich ab im Preisen und Locken des anderen. Wer schon mal verliebt war, der kennt das vielleicht. Die Koseworte, die Vergleiche, die man ersinnt: Du bist mein Stern, meine Rose, mein Herz. Mein Glück. Meine starke Schulter, mein Held, meine Prinzessin. „Mein Freund gleicht einer Gazelle, einem jungen Hirsch." Begeisterung über seine Schönheit. Über seine Kraft. Seine Eleganz.

Und jeder, der schon mal verliebt war, weiß auch, wie schwer das Warten ist. Auf das Wiedersehen, das sich in die Augen schauen. Die Umarmung, den Kuss. Sehnsucht haben nach dem anderen. „Er steht hinter der Wand. Schaut durchs Gitter." Ganz ist er noch nicht da, aber es dauert nicht mehr lang.

Was macht dieses Liebeslied nun aber in der Bibel? Es heißt, König Salomo habe es geschrieben. Na ja, wer weiß, ob's stimmt. Aber nicht ein einziges Mal kommt das Wort Gott vor. Im ganzen Hohelied. Keine einzige Geschichte. Auch keine Gebote oder Anweisungen Gottes. Nur Liebesgedichte. Zwischen Sehnsucht und Erfüllung.

Es hat in der Zeit, als die biblischen Schriften zusammengestellt wurden, schon Diskussionen gegeben, ob diese Verse mit aufgenommen werden sollen. Schon im Judentum. Die Rabbinen, die sich dafür aussprachen, haben gesagt: Es geht hier nicht einfach um zwei Menschen, diese Liebesgeschichte ist ein Bild für die Geschichte Gottes mit seinem Volk.

Christliche Theologen haben sich dieser Deutung angeschlossen. Manche haben gesagt: Es geht hier um Gott und die Kirche. Andere, es geht um Gott und Maria. Wieder andere: Es geht um Gott und die Seele eines Menschen. Und diese beiden verbindet eine Liebesbeziehung. Im 19. Jahrhundert meldeten sich Zweifler, solche wie Goethe und Herder. Sie meinten: Nein, nehmt es doch einfach als das, was es ist, weltliche Liebeslyrik.

Aber vielleicht ist ein ‚Entweder-Oder' dem Text gar nicht angemessen. Warum kann nicht beides stimmen? Warum kann es nicht ein wundervolles Zeugnis der Liebe zwischen zwei Menschen aus Fleisch und Blut sein und dennoch ein Bild für die Liebe Gottes zu uns und unsere Liebe zu ihm?

Franz Rosenzweig, ein jüdischer Philosoph, sagt: „Nicht obwohl, sondern weil das Hohe Lied ein ‚echtes', will sagen: ein ‚weltliches' Liebeslied war, gerade darum war es ein echtes ‚geistliches' Lied der Liebe Gottes zum Menschen. Der Mensch liebt, weil und wie Gott liebt. Seine menschliche Seele ist die von Gott erweckte und geliebte Seele."[4]

„Da ist die Stimme meines Freundes. Siehe, er kommt und hüpft über die Berge und springt über die Hügel."

Mein Freund kommt.

Gott kommt. Das ist die Botschaft des Advents.

Wann habe ich Gott eigentlich zum letzten Mal so glühend erwartet wie die junge Frau aus dem Hohelied Salomos ihren Geliebten? Oder so glühend wie die nicht mehr ganz so junge Frau, die auf den Zug wartet, mit dem der Freund aus alten Tagen ankommen soll?

Habe ich ihn überhaupt schon einmal so glühend herbeigesehnt? Doch, ja. Und andere haben das auch. Das weiß ich.

In Situationen etwa, wo Menschen mit jeder Faser ihres Herzen auf eine Antwort warten auf eine Frage, die sie im Tiefsten umtreibt, von der ihr Leben abhängt, ihr Seelenfrieden.

In Situationen, die so bedrängend sind, dass man alleine nicht herauskommt. In Situationen, in denen die Not eines anderen uns im Innersten trifft. In Situationen, in denen man unter der Oberflächlichkeit dieser Welt leidet.

„Siehe, er kommt und hüpft über die Berge und springt über die Hügel."

Und dann, eines Tages, werden wir endlich zusammen sein. Mein Freund und ich. Gott und ich. Ich werde mich in seinem Blick spie-

---

4 Franz Rosenzweig: *Stern der Erlösung.* © Suhrkamp, Frankfurt am Main 1988, S. 222.

geln. Seine Liebe wird mich wärmen. Meine Fragen und Zweifel werden schweigen.

Vielleicht hat ja die Adventssehnsucht etwas damit zu tun. Ich glaube, dass es in all den Lichtern, die wir anzünden, in den Sternen, die wir in die Fenster hängen, in den Karten, die wir an liebe Menschen schreiben, in den Geschenken, die wir aussuchen, auch um etwas geht, das tiefer ist als nur eine schöne dekorierte Atmosphäre. Es geht um eine tiefe Sehnsucht nach Licht, nach Wärme, nach Liebe, nach Angenommensein, nach Versöhnung und Frieden.

„Siehe, er kommt."

Die Freundin im Hohelied bereitet sich auf das Kommen ihres Freundes vor. Sie macht sich schön, schmückt sich. Mit kostbaren Salben und Ölen.

Gott kommt.

Vielleicht kann ich vom Hohelied lernen, mich auf ihn vorzubereiten. „Bereite dich, Zion" – so heißt das im Weihnachtsoratorium von Johann Sebastian Bach. Meine Seele schön machen sozusagen. Mich daran erinnern, was wir schon miteinander erlebt haben. Worte für ihn finden, die über das bloße „Gott" hinausgehen. Mein Stern. Mein Fels. Mein König. Mein Schönster, mein Liebster ... Und mir überlegen, worüber er sich wohl freuen könnte. Und das in Angriff nehmen. Hätte doch was. Ein bisschen Zeit ist ja noch bis Weihnachten.

Amen

- ***Lied EG 11,2 Wie soll ich dich empfangen***
- ***Abkündigungen***
- ***Lied EG 9,1+3–5 Nun jauchzet all ihr Frommen***
- ***Fürbitten***

Advent ist Wartezeit. Sehnsuchtszeit.

Wir bitten dich für alle, die sich nach Glück und Liebe sehnen, danach, angesehen zu werden.

Wir bitten dich für alle, die auf jemanden warten, der in der Ferne ist, der sich schon lange nicht mehr gemeldet hat.

Wir bitten dich für alle, die eine Nachricht oder eine Wendung brauchen, die wieder Licht in ihr Leben bringt.

Wir bitten dich für alle, deren größter Wunsch es ist, im Frieden leben zu können.

Wir bitten dich für alle, die aufgehört haben, noch irgendetwas Gutes zu erhoffen.

Wir bitten dich für alle, die anderen Menschen Wünsche erfüllen und für andere da sind.

Advent ist Wartezeit. Sehnsuchtszeit.

Gott, wir bitten dich: Halte diese Sehnsucht in uns wach und erfülle sie, wenn die Zeit dafür gekommen ist.

- ***Vaterunser***
- ***Segen***
- ***Musik***

Er hat besucht und erlöst sein Volk (Lukas 1,68)

Familiengottesdienst zum 3. Advent

Gottesdienst mit Anspiel; Spieler könnten z.B. KonfirmandenInnen sein. Kulisse: sofern vorhanden, eine Tür zum Aufstellen, sonst Gestell mit Vorhang; dahinter: Tisch, zwei Stühle, eventuell ein Bett oder ein Schaukelstuhl

Darsteller:
- *XY als Türöffner*
- *Frau, die backt*
- *Mutter mit Kind, die Geschenke einpacken*
- *2 Kinder, die basteln*
- *krankes Mädchen*
- *kranker alter Mann*

Requisiten:
- *evtl. Türschilder mit Zahlen*
- *Nudelholz*
- *Plätzchendose*
- *eingepackte Geschenke*
- *Weihnachtsbaumanhänger aus Holz*
- *Schlüsselbund*

- ***Musik***
- ***Begrüßung und Eröffnung***

Adventszeit. Eine besondere Zeit. Zeit der Erwartung. Der Herzenswünsche, der Adventskalender und der Türen, die sich öffnen. Und Zeit für Besuche. In der Bibel wird erzählt, dass Gott zu Besuch kommt. In diese Welt. Und er wünscht sich nur, dass wir ihm unsere Tür öffnen.

Wir feiern diesen Gottesdienst in seinem Namen. Im Namen des Vaters und des Sohnes und des Heiligen Geistes.

- ***Lied Kommt, wir schauen in das Licht***
- ***Psalm 24 mit Antiphon Eine Tür, eine Tür tut sich auf für mich***

Die Tür aufmachen, damit Gott zu uns kommen kann. In dem Psalm, der in der Adventszeit gebetet wird, werden wir dazu aufgefordert. Wir beten ihn im Wechsel und singen dazu das Lied: „Eine Tür, eine Tür tut sich auf für mich".

Antiphon Eine Tür, eine Tür

Machet die Tore weit und die Türen in der Welt hoch,
dass der König der Ehre einziehe.
Wer ist der König der Ehre?
Es ist der Herr, stark und mächtig, der Herr, mächtig im Streit.
Machet die Tore weit und die Türen in der Welt hoch,
dass der König der Ehre einziehe!
Wer ist der König der Ehre?
Es ist der Herr Zebaoth, er ist der König der Ehre.

Antiphon Eine Tür, eine Tür

Ehre sei dem Vater und dem Sohn und dem Heiligen Geist.
Wie es war im Anfang, so auch jetzt und allezeit und in Ewigkeit.
Amen

Antiphon Eine Tür, eine Tür

- ***Hinführung zum Evangelium***

Sechs Monate vor Jesus wird Johannes geboren, der später mal der Täufer heißen wird. Sein Vater Zacharias sieht voraus, dass sein Sohn eine große Aufgabe haben wird. Er wird Jesus den Weg bereiten, auf ihn hinweisen. Johannes wird den Menschen sagen, dass Jesus nicht nur ein besonderer Mensch ist, sondern dass in ihm das Licht und die Liebe Gottes selbst zu uns zu Besuch kommen.

- ***Lesung Evangelium Lukas 1,67–79***
- ***Lied EG 17,1 Wir sagen euch an den lieben Advent***
- ***Einführung Anspiel***

PastorIn: Besuch zu bekommen ist schön. Besonders vielleicht, wenn es einem gerade nicht so gut geht. Besonders auch, wenn man ihn gar nicht erwartet hat.

Nicht nur Menschen besuchen einander. Auch Gott kommt zu Besuch. So haben wir es gerade gehört in der Lesung aus der Bibel. Manchmal kommt er in menschlicher Gestalt. In Gestalt von Jesus natürlich. Das feiern wir ja bald. Aber manchmal kommt er auch in Gestalt von ganz normalen Menschen. Menschen wie du und ich.

Wie die etwa, die in diesem großen Hochhaus leben. Mit vielen Wohnungen. Mit vielen Türen. Hinter ein paar von ihnen wollen wir heute mal schauen.

XY ist unser Türöffner. Komm doch mal her! *(Spieler XY kommt nach vorne)* Schau doch mal, was hinter der Nummer 1 verborgen ist.

Anspiel Szene 1

XY klopft. Eine Frau mit Schürze und Nudelholz öffnet.

XY: Oh, das riecht ja schon gut hier. Backen Sie immer selber?

Frau: Ja sicher, in jedem Jahr. Schauen Sie mal, ich bin schon den ganzen Nachmittag zugange. Zimtsterne, Vanillekipferl, Makronen.

XY: Und die große Dose da, die wird wohl aufgehoben bis Weihnachten?

Frau: Ach, wo denken Sie hin. Bis Weihnachten muss ich sicher noch zweimal backen. Nein, diese Dose schicken wir morgen auf eine große Reise. Ich habe einen Onkel in Amerika und der isst für sein Leben gerne die Plätzchen nach dem Rezept seiner Mutter. Das war meine Oma, wissen Sie. Sie erinnern ihn an seine Heimat. Und wir wollen ihm eine Freude machen und ihm ein bisschen Heimat über den Großen Teich schicken.

PastorIn: Schöne Idee ... Wollt ihr mal sehen, was hinter der 15 ist? XY, versuch doch mal, ob du die Tür auch aufkriegst.

Szene 2

XY öffnet die Tür, findet eine Mutter mit Kind, die Geschenke einpacken.

XY: Guten Tag, entschuldigen Sie, ich wollte mal sehen, was sich hinter dieser Tür verbirgt. Ich sehe, Sie sind beschäftigt.

Kind: Ja, wir packen Geschenke ein. Wir wollen Oma und Opa überraschen. Wir hängen auch noch kleine Sterne daran. Es soll doch schön aussehen.

XY: Gut, ja, dann will ich nicht länger stören.

Mutter: Wenn Sie nun schon hereingeplatzt sind, dann nehmen Sie dieses Geschenk doch bitte mit zu der Nummer 22, da wohnt ein alter Herr, der ist ganz allein. Er wird sich sicher freuen, wenn ihm jemand etwas schenkt. Verraten Sie aber nicht, dass das Geschenk von uns kommt.

Gibt ihr Geschenk, schließt die Tür.

PastorIn: Ja, Geschenke ... Schön, dass die Familie nicht nur an sich gedacht hat, sondern auch noch an den alten Mann im Haus, der einsam ist.

XY: Ja, und was mache ich nun mit dem Geschenk? Ich kenne den doch gar nicht!

Pastorin: Tja, da sollten wir uns etwas überlegen. Vielleicht singen wir erst einmal zusammen.

- ***Lied EG 17,2 Wir sagen euch an den lieben Advent***

Szene 3

XY: Und, ist Ihnen schon etwas eingefallen?

PastorIn: Nein, noch nicht. Aber vielleicht gucken wir doch erst mal, was hinter der nächsten Tür ist. Ja, da, die Tür mit der Nummer 17!

XY öffnet die Tür, dahinter basteln Kinder Geschenke.

XY: Oh, das sieht ja toll aus bei euch! Sind das Anhänger für den Weihnachtsbaum?

Kind: Ja, guck mal, diese haben wir schon fertig gebastelt. Papa hat die Teile ausgesägt und meine Schwester und ich malen sie an. Jeder in unserer Familie bekommt ein anderes Teil.

XY: Oh, da habt ihr euch bestimmt vertan. Hier ist ja zweimal der gleiche Anhänger.

Kind: Der eine ist doch für meine Freundin Conny. Die hat sich den Arm gebrochen und kann ihrer Mutter jetzt keinen basteln. Da habe ich ihn für sie noch einmal gemacht. Du könntest den übrigens gleich mitnehmen, wo du doch schon durch das ganze Haus gehst. Conny wohnt in der 20. Gib ihn doch bei ihr ab und einen schönen Gruß!

XY: Aber ich kenne sie doch gar nicht.

Kind: Das macht doch nichts. Du bringst ihr doch etwas Gutes.

PastorIn: Das ist schon ein besonderes Haus ...

XY: Ja, aber was mache ich denn jetzt? Ich komme mir ja wie ein Packesel vor.

PastorIn: Na, am besten, du gibst jetzt schon mal ein Teil ab. Guck, da ist schon die Nummer 20. Nur Mut.

Szene 4

XY klopft.

Stimme: Ja, wer ist da?

XY: Ich soll bei dir etwas abgeben von dem Mädchen aus der 17. Bitte, mach die Tür auf.

Stimme: Nein, ich darf niemanden reinlassen, hat meine Mutter gesagt.

XY: Aber ich will dir doch nichts Böses. Nun stell dich mal nicht so an. Dann mache ich die Tür eben selbst auf.

XY reißt und zerrt an der Tür, die verschlossen bleibt.

PastorIn: Nein, nein, doch nicht mit Gewalt. Das geht doch nicht. Mit Gewalt macht man alles kaputt. Wir können Menschen nicht zwingen, uns die Tür zu öffnen. Wir können nur anklopfen.

XY: Habe ich gemacht, aber es hat nichts genützt. Aber halt, ich habe eine Idee.

Klopft wieder.

Stimme: Wer ist da?

XY: Ich bin es noch mal. Ich kann ja verstehen, dass du mir die Tür nicht aufmachst, wenn du mich nicht kennst. Ich lege dir das Teil vor die Tür, das deine Freundin für dich gebastelt hat, damit du ein Weihnachtsgeschenk für deine Mutter hast. Dann kannst du es dir nachher reinholen, wenn ich weg bin. In Ordnung?

Stimme: Ja, das mache ich.

XY legt das Teil ab, geht erleichtert weg.

PastorIn: Hm. Herzenstüren kriegt man nur auf, wenn man Menschen nicht bedrängt ...

XY: Apropos Türen: Ich habe hier immer noch das Geschenk für den alten Mann in 22.

PastorIn: Na, dann bring es ihm doch.

Szene 5

XY klopft.

Stimme: Ich kann nicht an die Tür, ich liege krank im Bett. Kommen Sie doch bitte rein.

XY probiert, Tür geht nicht auf.

XY: Ich kriege die Tür nicht auf.

Stimme: Ach, ja, sie ist abgeschlossen. Frau Müller in der Nummer 15 hat den Schlüssel, holen Sie ihn doch bitte von ihr.

PastorIn: Manchmal ist es schwer, den richtigen Schlüssel zu finden ...

XY klopft noch einmal bei 15.

Mutter: Sie schon wieder?

XY: Entschuldigen Sie, aber der Herr in der 22 hat mir gesagt, Sie hätten den Schlüssel für seine Wohnungstür. Könnten Sie bitte einmal mitkommen? Er ist so krank, dass er nicht aufstehen kann.

Mutter: Ach, der Arme. Kommen Sie! *(nimmt großes Schlüsselbund mit)*

XY: Aber woher wissen Sie denn, welcher der richtige ist?

Mutter: Weiß ich nicht. Ich muss es eben ausprobieren.

PastorIn: Das könnte ein Hinweis sein ...

Mutter probiert mehrere Schlüssel aus.

Mutter: Ja, der passt. Hallo, Herr Schulz. Tut mir leid, dass Sie krank sind. Hier will Sie jemand besuchen und hat etwas für Sie.

Mann: Kommen Sie doch rein.

Mutter: Ich habe heute aber leider keine Zeit, meine Kinder warten auf mich. Aber dieser nette XY hier wird Ihnen sicher gerne Gesellschaft leisten.

XY: Ich? Aber ich wollte doch nur ...

Mann: Oh, das ist schön, dass Sie ein bisschen Zeit für mich haben. Da können wir uns ein wenig unterhalten.

XY: Ja, dann. *(Zu PastorIn:)* Sie müssen jetzt wohl ohne mich weitermachen.

Pastorin: Aber du wolltest doch nur kurz etwas abgeben. Und außerdem warten doch noch viele Türen darauf, dass du dahinterschaust.

XY: Nein, ich habe mir das anders überlegt. Das hier ist wichtiger, als hinter die anderen Türen zu gucken. Ich habe die richtige Tür für mich gefunden. *(Vorhang bzw. Tür zu)*

- ***Lied EG 17,3 Wir sagen euch an den lieben Advent***

PastorIn: „Tragt eurer Güte hellen Schein weit in die dunkle Welt hinein." So können auch wir dem Herrn den Weg bereiten. So wie Johannes der Täufer das getan hat. Dem Herrn, der zu Besuch

kommt mit seiner Liebe und seinem Licht. Manchmal in menschlicher Gestalt. Manchmal vielleicht in unserer eigenen.
Amen

- ***Musik***
- ***Abkündigungen***
- ***Lied EG 1,1+3+5 Macht hoch die Tür***
- ***Fürbitten***

Gott, du willst uns besuchen. Darüber freuen wir uns.

Komm zu allen, die in diesen Tagen traurig sind. Dass auch sie sich wieder freuen können.

Komm zu allen, die krank sind. Dass die Schmerzen erträglich bleiben und sie wieder Mut fassen können.

Komm zu allen, die sich viel aufladen oder aufladen lassen. Dass sie die Kraft nicht verlieren.

Komm zu allen, die sich nicht erwünscht fühlen. Dass sie Freunde finden.

Komm zu allen, die unter Gewalt, Krieg oder Hunger leiden. Dass ihre Not ein Ende hat.

Gott, du willst uns besuchen. Darüber freuen wir uns. Mach unsere Herzen bereit für dich und für den Menschen neben uns, der unsere Hilfe braucht.

- ***Vaterunser***
- ***Segen***
- ***Musik***

Siehe, ich bin des Herrn Magd. Mir geschehe, wie du gesagt hast.

Gottesdienst am 4. Advent

- ***Orgelvorspiel***
- ***Begrüßung***

„Siehe, ich bin des Herrn Magd. Mir geschehe, wie du gesagt hast.“ Maria lässt sich ein auf Gott und lässt sich von ihm in den Dienst nehmen. Mit Haut und Haar. Der 4. Advent ist ihr gewidmet. Und stellt gleichzeitig die Frage: „Und was ist mir dir? Folgst du ihrem Vorbild? Bist du bereit, dich auf Gott und seine Plänen einzulassen, auch wenn du noch nicht verstehst, wohin sie führen?“

Wir feiern diesen Gottesdienst in seinem Namen. Im Namen des Vaters und des Sohnes und des Heiligen Geistes.

- ***Lied EG 8,1–4 Es kommt ein Schiff geladen***
- ***Psalm 102***
- ***Kyriegebet mit Lied Maria durch ein Dornwald ging***

Strophe 1 singen

Maria durch ein Dornwald ging,
Kyrie eleison.
Maria durch ein Dornwald ging,
der hat in sieben Jahr'n kein Laub getragen.
Jesus und Maria.

Gebet

Wir kommen zu dir mit unserer Müdigkeit und unseren Enttäuschungen. Auch über unseren Lebensweg wuchern immer wieder Dornbüsche und wir verletzen uns daran. Wir bitten um deinen Beistand und deine Hilfe.

Strophe 2 singen

Was trug Maria unter ihrem Herzen?
Kyrie eleison.
Ein kleines Kindlein ohne Schmerzen,
das trug Maria unter ihrem Herzen.
Jesus und Maria.

Gebet

Wir kommen zu dir mit allem, was wir in uns tragen an Plänen und Vorhaben. Womit wir sozusagen schwanger gehen. Schenke uns Geduld, um warten zu können, bis das alles seine Zeit hat.

Strophe 3 singen

Da haben die Dornen Rosen getragen,
Kyrie eleison.
Als das Kindlein durch den Wald getragen,
da haben die Dornen Rosen getragen.
Jesus und Maria.

Gebet

Wir kommen zu dir mit dem Kind, das wir einmal waren und das immer noch in unserer Seele wohnt. Mit seinen Wünschen. Mit seiner Weihnachtsfreude. Mit seiner Lebendigkeit. Lass uns dieses Kind als Freund willkommen heißen.

Strophe 4 singen

Wie soll dem Kind sein Name sein?
Kyrie eleison!
Der Name, der soll Christus sein,
das war von Anfang der Name sein.
Jesus und Maria.

- ***Lesung Evangelium 4. Advent***
- ***Musik***
- ***Meditation über Lukas 1,26ff mit Stille, Musik und Lied EG 13 Tochter Zion***

26 Und im sechsten Monat wurde der Engel Gabriel von Gott gesandt in eine Stadt in Galiläa, die heißt Nazareth …

Ein Engel. Von Gott gesandt. Die Bibel erzählt ganz unbekümmert davon, dass er seine Boten zu den Menschen schickt. Engel. Die Advents- und Weihnachtszeit ist voll davon. In Krippenspielen, an Tannenbäumen, auf Geschenkpapier. Engel, wo man nur hinschaut. Aber sind sie mehr als nette Dekoration, als Ausdruck romantischen Sehnens?

Schickt er seine Engel? Auch zu uns? Habe ich schon einmal Besuch von einem Engel bekommen? In welcher Situation? War ich da froh und voller Lebensmut? Oder traurig und müde? In welcher Gestalt ist er mir begegnet? Ein Mensch, den ich kenne? Oder ein Fremder? Wie sah sein Gesicht aus? Wie hörte sich seine Stimme an? Oder ist der Engel zu mir gekommen als Sonnenstrahl, als Windhauch, als Lied oder noch ganz anders?

Und wie war er so? War er sanft und liebevoll? Witzig? Forsch? Streng? Hat seine Botschaft getröstet? Oder aufgeweckt? Oder mir schmerzhaft eine Wahrheit gezeigt?

Vielleicht fällt es mir in diesem Moment erst auf, dass da ein Engel war auf meinem Weg.

Stille oder Instrumentalmusik

27 … zu einer Jungfrau, die vertraut war einem Mann mit Namen Josef
vom Hause David; und die Jungfrau hieß Maria.

Junge Liebe. Was gibt es Schöneres? Ein Mann und eine Frau, deren Herzen füreinander entbrannt sind. Die Schmetterlinge im Bauch, das Zittern in der Stimme, die Blicke. In diesen ersten Wochen, da ist nichts anderes von Bedeutung. Glücklich, wer das erleben durfte und darf.

Und die Pläne für die Zukunft, für das gemeinsame Leben. Im Kopf ist alles schon fertig. Und alles ist schön. Heimelig. Was sollte uns schon dazwischenkommen? Anderen ja. Aber doch uns nicht. Wir werden uns immer so lieben wie heute. Und wir möchten, dass es einfach immer so bleibt wie gerade jetzt.

28 Und der Engel kam zu ihr hinein und sprach: Sei gegrüßt, du Begna-
dete! Der Herr ist mit dir! 29 Sie aber erschrak über die Rede und dachte:
Welch ein Gruß ist das? 30 Und der Engel sprach zu ihr: Fürchte dich nicht,
Maria, du hast Gnade bei Gott gefunden. 31 Siehe, du wirst schwanger
werden und einen Sohn gebären, und du sollst ihm den Namen Jesus ge-
ben.

Ein Engelbesuch. Einer, der verwirrt. Der verunsichert. Der die Idylle der jungen Liebe durcheinanderwirbelt. Du wirst schwanger werden. „Aber ich weiß doch von keinem Mann", wird Maria gleich einwenden. Später wird der Verlobte noch entsetzter reagieren als Maria schon. Und für einen Moment wird es aussehen, als sei alles aus und vorbei zwischen ihnen. Durchkreuzte Pläne. Der Mensch denkt, Gott lenkt, sagen wir manchmal. Aber das ist nicht nur angenehm. Manchmal eine Zumutung. Man hatte sich doch alles so schön zurechtgelegt und ausgemalt. Es passte doch alles.

Habe ich das auch schon mal erlebt? Dass von einem Augenblick zum nächsten alles anders war, als ich es mir vorgestellt habe?

Stille oder Instrumentalmusik

34 Da sprach Maria zu dem Engel: Wie soll das zugehen, da ich doch von keinem Mann weiß? 35 Der Engel antwortete und sprach zu ihr: Der Heilige Geist wird über dich kommen, und die Kraft des Höchsten wird dich überschatten; darum wird auch das Heilige, das geboren wird, Gottes Sohn genannt werden.

Wehr dich nicht. Es wird dir auch nichts nützen. Das, was da kommt, das, was mit dir geschieht, ist stärker als du und deine Sorge und deine Angst.

Der Heilige Geist. Wirkt er auch in meinem Leben? Überschattet seine Kraft auch mich? Vielleicht gerade da, wo mir Schweres zugemutet wird? Vielleicht gerade in Situationen, die ich nicht leichtfüßig und locker angehen kann?

Das Heilige, das geboren wird. Wächst in mir etwas heran, das heilig ist? Eine neue Gewissheit vielleicht. Ein neuer Traum. Eine neue Aufgabe, der ich mich stellen will.

Was will durch mich geboren werden?

Stille oder Instrumentalmusik

Du wirst einen Sohn gebären. 32 Der wird groß sein und Sohn des Höchsten genannt werden; und Gott der Herr wird ihm den Thron seines Vaters David geben, 33 und er wird König sein über das Haus Jakob in Ewigkeit, und sein Reich wird kein Ende haben.

Große Hoffnungen. Große Träume. Seit Jahrhunderten geträumt. Vom Frieden. Von der Gerechtigkeit. Davon, sicher wohnen zu können.

Und der eine soll es richten, der kommen wird. Der auf dem Thron Davids sitzen wird. Jerusalems, Zions wahrer König. Aber er wird nicht nur ihr König sein. Eine Hochzeit wird es geben. Jerusalem als geschmückte Braut, die ihren Bräutigam erwartet. Sehnlich, sinnlich. Orientalisch-üppig. Gott, der sich nicht nur gnädig herunterbeugt zu seinen Menschen. Sondern sich mit ihnen verbindet mit Leib und Seele, mit Leidenschaft und Sehnsucht.

Lied EG 13 Tochter Zion

36 Und siehe, Elisabeth, deine Verwandte, ist auch schwanger mit einem Sohn, in ihrem Alter, und ist jetzt im sechsten Monat, von der man sagt, dass sie unfruchtbar sei.
37 Denn bei Gott ist kein Ding unmöglich.

Mir ist manches unmöglich. So ist es. Ich bin ein Mensch. Lass mich das akzeptieren und ertragen. Mach mich gnädig mit mir selbst und gnädig mit anderen, deren Möglichkeiten auch nur begrenzt sind.

Aber lass mich nicht denken, dass deine Möglichkeiten da auch schon enden.

Wie oft wurde ich schon überrascht? Als ich dachte, da geht nichts mehr. Da ist Hopfen und Malz verloren. Als ich die Flinte ins Korn werfen wollte. Bei dir ist kein Ding unmöglich. Schenke mir diese Gewissheit dann, wenn ich nichts mehr für möglich halte. Lass mich von dir die Zukunft erwarten

38 Maria aber sprach: Siehe, ich bin des Herrn Magd; mir geschehe, wie du gesagt hast. Und der Engel schied von ihr.

Einverständnis. Annehmen des für mich bestimmten Weges. Den ich vielleicht selbst nicht gewählt hätte. Den ich auch noch nicht ganz verstehe. Das braucht oft mehr Zeit als die fünf Minuten eines Gespräches. Das ist meist ein Prozess, eine Bewegung, zwischen Zustimmen und Auflehnen, zwischen Bereitschaft und Zweifel. Gut, wenn an dessen Ende mein Einverständnis stehen kann. Wenn ich Ja sagen kann zu dem, was ist und was kommt. Mir geschehe, wie du gesagt hast. Du bist es, der mir die Kraft dazu schenkt, und du bist es, der mir zeigt, wie ich auf dem neuen Weg gehen kann. Und du bist es, dem ich auf diesem Weg begegne. Öffne mir die Augen, dass ich dich auch erkenne.

Amen

- ***Instrumentalmusik***
- ***Abkündigungen***
- ***Lied EG 11,1–5 Wie soll ich dich empfangen***
- ***Fürbitten***

Jesus Christus,
komm zu deinen Menschen, wir brauchen dich.

Komm zu denen, die Schweres zu verkraften haben.

Komm zu denen, die sich überfordert und überlastet fühlen.

Komm zu denen, die verfolgt werden, die ihres Lebens nicht mehr sicher sein können, in Syrien, in Ägypten (...) und an so vielen Orten dieser Welt.

Komm zu denen, die zu entscheiden haben über das Wohl der Völker.

Komm zu denen, die deine Botschaft weitersagen.

Komm zu uns in unsere unruhigen und zaghaften Herzen.

Jesus Christus,
komm zu deinen Menschen, wir brauchen dich.

- ***Vaterunser***
- ***Segen***
- ***Musik***

Teil II:
Heiligabend/Weihnachten

Coming home for Christmas[5]

Kurzansprache für Andacht oder Gemeindebrief

„Coming home for Christmas", dudelt es im Supermarkt. Weihnachten nach Hause kommen. Seit heute Mittag sind die Straßen voll und die Züge auch. Eine kleine Völkerwanderung jedes Jahr. Für viele ist da kein Weg zu weit. Weihnachten zu Hause. Bei den Eltern. Mit Plätzchen und Tannenduft. Mit Würstchen und Kartoffelsalat. Oder Karpfen oder Pute. Aber bitte nichts Neues, keine Experimente. Alles soll so sein wie früher. Zu Weihnachten meldet sich das Kind in uns besonders laut.

„Coming home for Christmas" – wie hört sich das wohl für Nima an? Er kommt aus dem Iran. Er ist Christ, feiert Weihnachten. Aber an Weihnachten zu Hause? – Keine Chance. Nima ist hier in der Fremde. Er spricht super Deutsch, geht aufs Gymnasium, hat auch schon Freunde gefunden. Aber in diesen Tagen tut es sicher ganz schön weh, dass er nicht bei seinen Eltern sein kann.

Coming home for Christmas. In der Bibel heißt es: Das Wort ward Fleisch und wohnte unter uns. Gott wird Mensch. Das ist Weihnachten. Und dann geht es weiter: Er kam in sein Eigentum. Das heißt doch wohl: Er kommt nach Hause. Gewissermaßen. Und

---

5 Gesendet bei Moment Mal, NDR 2, 22.12.2017, Evangelische Radio- und Fernsehkirche im NDR.

dafür ist ihm kein Weg zu weit. Er will bei den Menschen sein, die er liebt.

Zu Weihnachten skypt Nima mit Isfahan. Seine Eltern sind glücklich, dass er in Sicherheit ist. Und es hilft ihm ein bisschen, wenigstens ihre Stimmen zu hören. Und dann geht er in die Kirche. Hört die Geschichte vom Kind in der Krippe, versucht, die Weihnachtslieder mitzusingen. Und erlebt da hoffentlich ein kleines Stück Zuhause.

Die verborgene Krone

Kurzansprache

Vielleicht sind Sie auch von diesem eigenartigen Virus gepackt. Mehr als 20 Millionen Deutsche sind das jedenfalls. Jeder Vierte also offenbar. Ich rede vom „Quizduell". 18 Fragen aus sechs Rubriken. Auf Zeit. Am Smartphone oder am Computer. Gegeneinander. Gegen einen Bekannten oder einfach gegen irgendjemanden. Aus den Kategorien „Sport und Freizeit", „Kunst und Kultur", „Draußen im Grünen", „Glaube und Religion", „Technik" und noch manches mehr. Zum Teil ganz einfach, zum Teil echt nur was für Spezialisten. Oder eben Ratefüchse. Und man kann selbst auch Fragen einreichen. Und nach der 5. Frage, die man selbst einreicht, bekommt man die Mitteilung: „Deine verborgene Krone ist jetzt freigeschaltet." Und dann kann man für seinen „Avatar", also die eigene Spielerfigur, eine aus 10 oder 12 Kronen auswählen.

Die verborgene Krone ist freigeschaltet. Das Bild ist toll. Sie könnten ja auch schreiben: „Sie haben sich jetzt eine Krone verdient" oder: „Sie bekommen jetzt eine Krone dazu". Haben sie aber nicht. Verborgene Krone, das heißt doch offenbar, sie ist immer schon dagewesen, sie war nur nicht zu erkennen. Für mich selbst nicht und für andere auch nicht.

Kronen, die verborgen und enthüllt werden. Zu Weihnachten feiern wir im Kern eigentlich das: Der König der Welt verbirgt seine Krone. Er macht sich uns normalen Leuten gleich. Kommt in diese Welt als ein Kind von Eltern, die aus der Stadt herausgetrieben werden, für die keiner einen Platz hat. Zeigt sich als Erstes Menschen, die ganz am Rande ihrer Gesellschaft stehen, arm, dreckig, abgerissen, den Hirten von Bethlehem eben. Der König der Welt ist sich nicht zu fein, um in die dunkelsten Ecken zu gehen. Und damit Menschen keine Angst vor ihm haben, macht er sich ganz klein, verbirgt den Glanz, der ihn eigentlich umgibt, verbirgt seine Krone – gewissermaßen.

Und damit adelt er das ganz normale Leben. Das Leben der kleinen Leute. Derer, die nicht zu den oberen Zehntausend, nicht zu den Angesagten gehören. Er adelt uns. Setzt uns sozusagen eine Krone auf. Oder anders: lässt uns erkennen, dass wir immer schon eine getragen haben, dass wir selbst von unschätzbarem Wert sind, eine unschätzbare Würde besitzen, unabhängig davon, was wir schon alles erreicht haben. Auch unabhängig davon, was die anderen von uns denken.

Martin Luther hat vom „fröhlichen Wechsel" zwischen ihm und uns gesprochen, die Liederdichter haben das aufgenommen. Eines der schönsten Weihnachtslieder erzählt davon: „Er wird ein Knecht und ich ein Herr, das mag ein Wechsel sein ... Er wechselt mit uns wunderlich: Fleisch und Blut nimmt er an. Und gibt uns in seins Vaters Reich die klare Gottheit dran." (Lobt Gott, ihr Christen alle gleich)

Er verbirgt seine Krone und schaltet so unsere verborgene Krone frei – sozusagen. Wie schön!

Wenn Sie das nächste Mal vor dem Spiegel stehen, dann gucken Sie mal: Vielleicht glänzt es da ja doch ein bisschen, und Sie haben das nur nie bemerkt. Und wenn Sie einem anderen Menschen begegnen, dann schauen Sie einen Augenblick lang länger hin, vielleicht entdecken Sie sie – die verborgene Krone.

Wer nicht hören kann, muss fühlen

Kurzansprache im Krippenspielgottesdienst

Vorbemerkung: Bloß nicht so viel reden! Nach dem gesehenen Krippenspiel sind die kleineren Kinder schon mit den Nerven durch, aber die Großen warten vielleicht doch noch auf ein paar Worte. Diese Ansprache ist mit fast jedem Krippenspiel kompatibel.

Wer nicht hören kann, muss fühlen. Diesen Spruch haben vielleicht manche der etwas Älteren in ihrer Kindheit zu hören bekommen und das war nicht immer nett gemeint …

Aber etwas in diesem Spruch ist sehr wahr. Nur hören ist meist nicht genug. Wenn wir etwas nur hören, dann dringen wir nicht weit genug vor, um wirklich zu verstehen. Wer zum Beispiel von einem anderen nur hört, ja sicher, hab ich dich gern, aber nicht entsprechend behandelt wird, wird das kaum glauben können. Wer nur hört, dass eine Herdplatte heiß ist, wird sich darunter nichts vorstellen können. Wer nur hört, dass es schön ist, in den Arm genommen zu werden, wird das nicht wirklich begreifen. Das Wort begreifen sagt das ja schon aus. Begreifen, das macht mit den Händen. Wenn Kinder die Welt entdecken, müssen alles anfassen, in einem bestimmten Alter müssen sie alles in den Mund stecken.

Nur hören reicht nicht. Das fand Franz von Assisi auch. Er lebte im Mittelalter in Italien. So um das Jahr 1200. Er stammte aus einer reichen Familie, hatte irgendwann aber das Leben in Saus und Braus satt und wurde Mönch, Bettelmönch. Und er zog los, um zu predigen. Es heißt, dass er auch den Tieren Predigten hielt. Und er fand, dass man die Weihnachtsbotschaft nicht nur hören darf, sondern auch sehen und anfassen und riechen muss. Und so soll er dann mit Menschen und mit Tieren im Wald das erste Krippenspiel aufgeführt habe.

Ihr Kinder führt uns jedes Jahr wieder ein Krippenspiel auf. Und ihr macht das mit ganz viel Liebe. Und man merkt auch, dass euch eure Rollen ans Herz wachsen, dass ihr wirklich ein Hirte werdet und ein Engel in diesem Moment und uns zeigen wollt, wie es einem Hirten oder einem Engel so geht.

Wir Menschen brauchen zum Verstehen möglichst viele unserer Sinne. Gott wurde Mensch zu Weihnachten in Bethlehem, damit ihn möglichst viele begreifen können. Damals, als Jesus so richtig als Mensch auf der Erde gelebt hat, da konnten ihn die Leute sehen, hören, anfassen, riechen auch. Diese Chance haben wir heute so nicht mehr, da brauchen wir Hilfsmittel. Eines etwa ist das Wasser der Taufe. Und noch eines ist die Gemeinschaft des Abendmahles mit Brot und Wein oder Saft. Das sind die beiden großen, besonders wichtigen Zeichen, die sogenannten Sakramente.

Ein Krippenspiel ist kein Sakrament. Aber es ist ein Zeichen. Ein sehr schönes. Eines, das uns die Botschaft von der Liebe Gottes sichtbar, hörbar und spürbar werden lässt. Und dafür habt ihr Kinder gesorgt. Herzlichen Dank euch Spielerinnen und Spielern!

Sinnliche Weihachten!
(1. Johannes 1,1–4)

Gottesdienst zu Heiligabend

- ***Musik***
- ***Begrüßung***

Das Wort ward Fleisch und wohnte unter uns und wir sahen seine Herrlichkeit.

Heiligabend. Mal wieder. Herbeigesehnt. Von den Kleinen sowieso. Aber von den Großen auch irgendwie. Zwar oft unter Stöhnen: Dies noch und das noch und immer diese Geschenke und dieses Gehetze bis zum 24. Und ich bin noch gar nicht in Weihnachtstimmung. Ja. Aber dann ist sie plötzlich doch da. Und ergreift uns einfach. Diese Mischung aus Staunen und Sehnsucht, aus Freude und Nostalgie. Die vielen Weihnachten, die wir schon gefeiert haben, sind irgendwie mit im Raum, die Menschen, mit denen wir unter dem Baum saßen. Alles ist mit dabei. Und es ist plötzlich so egal, ob man alles so geschafft hat, wie man es sich vorgestellt hat, ob alles so geworden ist wie geplant. Alles darf so sein, wie es ist. Wir dürfen so sein, wie wir sind, mit unserer Freude und unseren nicht erfüllten Wünschen. Auch mit den nicht erfüllbaren Wünschen. Mit dem, was gelungen ist, und dem, was noch mangelt. So dürfen wir uns mit den Hirten an die Krippe stellen und Jesus bitten, dass er auch zu uns kommt in unser Herz, in unser Leben.

Wir feiern diesen Gottesdienst im Namen Gottes, des Vaters und des Sohnes und des Heiligen Geistes.
Amen

- ***Lied EG 27,1–6 Lobt Gott, ihr Christen alle gleich***
- ***Gebet***

Endlich ist Weihnachten! Wir haben uns darauf gefreut. Auf die Lichter und die Lieder und die Geschenke und das gute Essen. Und wir freuen uns über die erste Weihnacht dieser Welt im Stall von Bethlehem.

Gott, du schickst deinen Sohn in diese Welt, damit sie ein bisschen heller wird. Wir bitten dich: Schick deinen Sohn auch in unser Herz, damit wir ihn mit uns tragen können und mithelfen, die Welt ein bisschen heller zu machen.
Amen

- ***Lesung alttestamentliche Prophezeiungen:***
    - ***Micha 5,1–3***
    - ***Jesaja 9,5–6***
    - ***Jesaja 11,1–2***
- ***Lied EG 30,1–3 Es ist ein Ros entsprungen***
- ***Weihnachtsgeschichte I (Lukas 2,1–14)***
- ***Lied EG 54,1–3 Hört, der Engel helle Lieder***
- ***Weihnachtsgeschichte II (Lukas 2,15–20)***
- ***Lied EG 46 Stille Nacht***
- ***Predigt***

Weihnachten. Das schönste Fest für viele. Vielleicht, weil es so sinnlich ist. Weihnachten ist mit allen Sinnen zu feiern. Weihnachten lässt sich sehen und hören, schmecken und riechen und fühlen. Es ist nicht nur etwas für den Verstand, sondern für Leib und Seele.

Ich möchte Sie heute mitnehmen auf eine sinnliche Reise, eine Weihnachtsreise mit allen fünf Sinnen. Und ich tue das in Einklang mit einem der Ersten, die Weihnachten beschrieben haben. Ohne natürlich dieses Wort zu nennen oder überhaupt zu kennen. Der Verfasser des 1. Johannesbriefes verbindet Weihnachten zumindest schon einmal mit dreien unserer Sinne und er wäre bestimmt einverstanden, wenn wir auch noch die beiden anderen einbeziehen.

Lesung des Bibeltextes (1. Johannes 1,1–4)

1 Was von Anfang an war, was wir gehört haben, was wir gesehen haben
mit unsern Augen, was wir betrachtet haben und unsre Hände betastet
haben, vom Wort des Lebens – 2 und das Leben ist erschienen, und wir
haben gesehen und bezeugen und verkündigen euch das Leben, das ewig
ist, das beim Vater war und uns erschienen ist –, 3 was wir gesehen und
gehört haben, das verkündigen wir auch euch, damit auch ihr mit uns Ge-
meinschaft habt; und unsere Gemeinschaft ist mit dem Vater und mit sei-
nem Sohn Jesus Christus. 4 Und dies schreiben wir, auf dass unsere Freude
vollkommen sei.

Was wir gehört haben, was wir gesehen haben, was unsere Hände betastet haben. Und wir setzen noch dazu: was wir gerochen und geschmeckt haben.

Wie hört sich Weihnachten an? Weihnachten, das sind Glocken, die von den Kirchtürmen in die Christvespern rufen. Weihnachten, das ist Gesang, „O du fröhliche“ und „Ihr Kinderlein kommet“ und „Stille Nacht“. Das war damals bei der ersten Weihnacht der Gesang der Engel. Gloria in excelsis deo. Der Gesang, der die Hirten aus ihrem Schlaf geweckt hat. Weihnachten sind Trompeten und Posaunenklänge. Das ist in mancher Kirche an der Orgel der Zimbelstern. Weihnachten, das ist aber auch „Ah“ und „Oh“ beim Geschenkeauspacken, das ist Kinderlachen. Weihnachten, das ist das Blöken von Ochs und Esel im Stall und der Schafe, die mit den Hirten gekommen sind.

Ja, aber Weihnachten ist auch noch anders. Weihnachten ist die Stille jenseits der Stadt. Ist das leise Atmen des neugeborenen Kindes in der Krippe. Ist das Flüstern der staunenden Eltern, die den Kleinen nicht wecken wollen.

Und wie sieht Weihnachten aus?
Weihnachten ist grün und rot, zumindest bei ganz vielen. Tannenschmuck. Rote Kerzen. Weihnachten glänzt. Die Lichter überall. Die bunten Kugeln im Baum. Das Lametta. Weihnachten sieht üppig aus, das ist nichts für Asketen. Weihnachten ist Überfluss, ist mehr als man braucht, ist ein Tisch, der sich biegt von den guten Sachen darauf. Und Weihnachten ist die Zeit der feinen Kleider, von Samt und Seide, von Goldlamé.

Ja, auch. Aber Weihnachten ist auch noch anders. Weihnachten ist armselig und improvisiert. Die Futterkrippe der Tiere wird gerade mal zum Bett für das Kind umfunktioniert. Das Stroh vertritt Matratze und Laken. Weihachten ist dunkel wie ein nächtlicher Stall, der nur vom Funzellicht einer Laterne erleuchtet wird.

Und wie fühlt sich Weihnachten an?
Weihnachten ist heimelig und warm. Gemütlichkeit. Geborgenheit. Weihnachten ist wie das samtene Kleid, über das die Hand streicht. Weihnachten ist das raschelnde und knisternde Stanniolpapier, das die Kinder von den Paketen reißen. Weihnachten ist die liebevolle Umarmung, der Kuss, mit dem wir uns bedanken und einander eine gesegnete Zeit wünschen.

Ja, auch. Aber Weihnachten ist auch noch anders. Weihnachten ist zugig und kalt, weil durch die Ritzen im Stall der Nachtwind pfeift. Weihnachten ist pieksig wie das Stroh in der Krippe. Aber zugleich weich, wie nur die Haut eines Säuglings weich sein kann, und zart und empfindlich.

Und wie riecht Weihnachten?
Weihnachten riecht nach Glühwein. Und nach Gänsebraten. Nach Lebkuchen. Und vielleicht nach Parfüm, dem teuren, das nur an den besonderen Tagen aufgelegt wird. Und nach Tannenzweigen. Und Kerzen aus Bienenwachs.

Ja, auch. Aber Weihnachten riecht noch anders. Süß wie die Haut eines Neugeborenen. Und nach der kräftigen Landluft eines

Stalles und nach altem Stroh und vielleicht auch nach einer vollen Windel.

Und wie – als Letztes – schmeckt Weihnachten?
Süß, auf jeden Fall süß. Nach Plätzchen und Pudding. Vereint mit den Köstlichkeiten des Orients, mit Zimt und Kardamom, mit Nelke und Anis, in Lebkuchen und Spekulatius. Köstlich auf jeden Fall. Und dann kommen für die meisten noch die ganz typischen Geschmacksrichtungen dazu, je nach Tradition der Geschmack nach Putenbraten und Rotkohl, nach Karpfen mit Klößen, nach Würstchen und Kartoffelsalat oder was auch immer. Viele von uns lieben diesen Geschmack, der nach früher schmeckt, nach der Zeit, in der wir Kinder waren. Und wir alle stöhnen über die Mengen, die auf den Tisch kommen und gegessen werden wollen, und gleichzeitig ist klar: Weihnachten ist nicht die Zeit zum Fasten.

So schmeckt Weihnachten. Auch. Aber auch ganz anders.

Weihnachten schmeckt nach dem letzten Rest vom Brot, das für die Reise nach Bethlehem mitgenommen wurde, nach Wasser aus dem Bach und einem Schluck ehrlichem Landwein. Vielleicht nach ein paar Oliven, die sich im Beutel noch gefunden haben. Und schmeckt vielleicht nach Schafsmilch, die die Hirten mitbrachten. Einfach und karg.

Weihnachten. Ein Fest für alle Sinne. Mit allen Sinnen sollen wir erleben, was Weihnachten ist. Der Schreiber des 1. Johannesbriefes sagt es ganz schlicht und gleichzeitig umfassend: Das Leben ist erschienen. Das Leben, das ewig ist und beim Vater war, ist uns erschienen. Leben mit all dem, was dazugehört. Leibliches, sinnlich wahrnehmbares Leben. Der himmlische Gott bleibt nicht in seinem Himmel, sondern wird ganz und gar irdisch. Ein Mensch wie wir. Mit allem Glanz und allem Elend eines menschlichen Lebens. Das ist das Wunder der Weihnacht. Nichts Menschliches ist ihm mehr fremd. Das war es nie, aber damit wir das auch verstehen und vor allem begreifen können, wurde er Mensch. Und teilte unser Leben. Ganz handfest. Gott ist nicht nur etwas für den Verstand, nicht nur Geist. Nicht nur irgendwie symbolisch zu verstehen. Nicht nur eine kosmische Macht. Er ist Mensch geworden. Und weil zum Menschsein eben all das Sinnliche auch gehört, ist es richtig, Weihnachten genau so zu feiern, mit allen Sinnen. Natürlich, das kann auch alles zu viel werden, zu gestylt, zu oberflächlich, hohl, entleert. Es kann auch das Eigentliche verloren gehen. Es braucht nicht nur die körperlichen Sinne, es braucht auch das Herz, die Seele, die in all dem Sinnlichen offen bleiben für das Geheimnis dieser Botschaft. Das Leben ist erschienen. Gott selbst ist Mensch geworden.

Das hat die Männer und Frauen, die die Geschichten damals weitererzählt und aufgeschrieben haben, so sehr beeindruckt, dass sie das nicht für sich behalten wollten. Wir verkündigen es euch, damit auch ihr mit uns Gemeinschaft habt und unsere Gemeinschaft ist mit dem Vater und seinem Sohn Jesus Christus. Es geht um Gemeinschaft. Mit Gott und untereinander. Und das wünschen auch wir uns zu Weihnachten wohl besonders. Schauen Sie sich einmal um. Da sind Menschen, die Sie gut kennen, aber auch andere, denen man bisher eher flüchtig begegnet ist, und dann noch viele, die man vielleicht noch nie bewusst gesehen hat. Und Sie haben einander auch schon gehört. Beim Singen der Weihnachtslieder. Und nachher werden wir zusammen beten. Und Sie haben sich vielleicht auch schon gespürt, haben sich vielleicht die Hand gegeben, den einen oder anderen umarmt, haben den Mantelstoff des Nachbarn gefühlt und die Wärme der anderen. Vielleicht haben Sie sich auch schon gerochen. Das besondere Parfüm der Nachbarin, den Hauch von Gänsebratenduft, der vom Zubereiten noch in den Haaren hängt. Geschmeckt haben werden Sie sich vermutlich eher nicht und dazu will ich jetzt auch gar nicht animieren. Aber dazu besteht ja nachher vielleicht noch die Möglichkeit, zumindest mit dem einen oder anderen.

Eine Gemeinschaft. Die will auch immer wieder leibhaftige und sinnliche Begegnung. Heute Abend sind wir eine Gemeinschaft und zeigen damit zugleich, was wir auch ansonsten eigentlich sein sollen und auch sind: eine Gemeinschaft. Von Menschen, die so, wie sie es eben können, mit allen Schwierigkeiten und Zweifeln, dennoch diesem Gott nahe sein wollen. Und zu Weihnachten wieder hören dürfen: Er will das auch. Er will uns nahe sein. Was für ein Wunder.

Eines, das es wert ist, mit allen Sinnen gefeiert zu werden. In diesem Sinne wünsche ich Ihnen allen sinnliche Weihnachten!

Amen

- ***Lied EG 37,1–4 Ich steh an deiner Krippen hier***
- ***Fürbitten***

Mensch gewordener Gott,
mit allen Sinnen feiern wir Weihnachten.

Sehen den Glanz und die Gesichter unserer Lieben, hören die Musik, spüren die Wärme und Behaglichkeit, schmecken die Köstlichkeiten, riechen den Duft nach Geborgenheit und Heimat. Wir danken dir dafür.

Lass uns in all unserer Weihnachtsfreude die nicht vergessen, die heute nichts Schönes sehen oder hören, die in der Kälte sein müssen, die hungern, die schon längst vergessen haben, wie Heimat riecht.

Und vergiss du sie nicht. Schenke ihnen, was sie jetzt gerade am meisten brauchen.

Sie legen wir dir ans Herz gemeinsam mit all denen, die wir im Herzen tragen.

- ***Vaterunser***
- ***Segen***
- ***Lied EG 44,1–3 O du fröhliche***

Sie alle folgen dem Stern

Gottesdienst zu Heiligabend mit Bildbetrachtung

Vorbemerkung:
Die Predigt wäre auch für einen Weihnachtstag oder für Epiphanias zu nutzen.

Die Predigt basiert auf dem Bild „Sie alle folgen dem Stern" von Peter Janssen (1902). Bildkarten sind z.B. unter www.gottesdienstinstitut.org günstig erhältlich.

- ***Musik***
- ***Begrüßung***

Das Wort ward Fleisch und wohnte unter uns und wir sahen seine Herrlichkeit.

Dieses Wort aus dem Johannesevangelium steht über dem Heiligen Abend und dem Weihnachtsfest. Damit grüße ich Sie von Herzen.

Wir sind hier mit der alten Weihnachtssehnsucht nach Wärme, nach Glanz, nach Seligkeit. Wir haben uns und unsere Häuser so gut wie möglich vorbereitet, haben geplant, geschmückt, nach Geschenken gesucht, gekocht, Karten geschrieben, und, und, und. Die allermeisten von uns stöhnen darüber und zugleich gehört es irgendwie dazu. Weihnachten ist eine besondere Zeit, die so schön sein soll wie möglich. Ob sie allerdings schön wird, das liegt nicht allein in unserer

Hand. Und das ist auch gut so. Oft sind es gerade die wirklich wichtigen Dinge, die einfach geschehen.

Lassen wir uns doch auch immer wieder überraschen! Von anderen Menschen. Von Gott. Er kommt zu uns. Das ist die Botschaft von Weihnachten. Wir müssen ihn gar nicht holen, sondern er ist schon längst unterwegs. Zu denen, die voller Freude sind. Zu denen, die heute das ganze Haus voll haben mit lieben Menschen. Und genauso zu denen, die mit Sorgen in diese Tage gehen. Zu denen, deren Weihnachten in diesem Jahr so anders ist, weil liebe Menschen fehlen. Und zu denen, die heute Abend allein sein werden. Gott ist zu uns unterwegs. Wir brauchen gar nicht mehr zu tun, als unser Herz zu öffnen. Wir feiern diesen Gottesdienst im Namen des Vaters und des Sohnes und des Heiligen Geistes.

- ***Lied EG 45 Herbei, o ihr Gläubigen***
- ***Gebet***

Allmächtiger und barmherziger Gott,
wir sind hier mit unserer Freude, unseren Träumen und Sehnsüchten und auch mit den Sorgen und Nöten, die unser Leben begleiten. Wir sind hier mit der Hektik und Unrast um uns herum und in unseren Herzen. Wir kommen zu dir. Weil du schon längst zu uns gekommen bist. Uns nahe geworden bist, einer von uns. Sei du jetzt hier in unserer Mitte. Entzünde neu in uns das Licht der Hoffnung.

Im Namen deines Sohnes Jesus Christus, der mit dir und dem Heiligen Geist lebt und regiert von Ewigkeit zu Ewigkeit.

- ***Lesung alttestamentliche Prophezeiungen:***
    - ***Micha 5,1–3***
    - ***Jesaja 9,5–6***
    - ***Jesaja 11,1–2***
- ***Lied EG 30,1–3 Es ist ein Ros entsprungen***
- ***Lesung Weihnachtsgeschichte***
- ***Lied 39,1+3+5–7 Kommt und lasst uns Christus ehren***
- ***Predigt***

Gnade sei mit euch und Friede von Gott, unserem Vater und dem Herrn Jesus Christus. Amen

Liebe Gemeinde,
Weihnachtsbilder. Wie sehen die aus? Tannenbäume. Schnee. Oder natürlich die Krippe im nächtlichen Stall. Maria und Josef. Hirten, Engel. Umglänzt von einem strahlenden Licht. So sehen Weihnachtsbilder aus.

Sie haben ein Bild bekommen/sehen ein Bild hier an der Wand. Auf den ersten Blick sieht es nicht aus wie ein Weihnachtsbild. Es ist aber eines. Es soll eines sein. Es heißt „Sie alle folgen dem Stern".

Ein großer Historienschinken, ganz nach Geschmack und Stil des ausgehenden 19., beginnenden 20. Jahrhunderts. Mehr als 2,50 m breit, fast 1,50 m hoch. Gemalt von einem Düsseldorfer Maler, Peter Janssen, damals durchaus kein Unbekannter.

Sie alle folgen dem Stern.

Angeführt wird der Zug von den drei Weisen, hoch zu Ross, prächtig orientalisch gekleidet. Unsere kleinen Weisen aus dem Krippenspiel trugen ähnlich kostbar aussehende Gewänder. Die drei Weisen, die am Himmel eine besondere Erscheinung wahrgenommen haben, einen besonderen Stern, und das mit alten Prophezeiungen in Verbindung bringen. Und die sich dann auf den Weg machen, um den Ursprung zu finden. Über viele Hundert Kilometer hinweg. Von dem Stern sehen wir nur einen Lichtstreif am Horizont. Alles andere wird vom Bildrand verschluckt. Sehen die Weisen schon mehr? Ja, vielleicht. Und es haben sich ihnen andere angeschlossen, so viele, dass wir sie gar nicht zählen können. Ja, es wirkt so, als würden von rechts immer mehr Menschen nachströmen, als würde die Menge gar kein Ende nehmen. Und alle sind verschieden: Mönche, Handwerker, Alte, Junge, Reiche, ärmlich Gekleidete ohne Schuhe. Verliebte, die sich umarmen, Menschen, die sich bei anderen aufstützen. Kranke, die sich auf ihren Krücken nur mühsam halten können. Eine Frau ist gestürzt, ein Mann in Schwarz, ein Geistlicher, hilft ihr auf. Ein Junge schiebt ein Mädchen, das wohl selbst nicht gehen kann, auf einer Karre. Einer im Hintergrund streckt seine Arme, die in Ketten liegen, in Richtung Himmel. Eine junge Mutter, wer weiß, vielleicht ohne Mann, barfuß, mit ihren kleinen Kindern, hat es ganz nach vorne geschafft und streckt sich dem Licht entgegen. Sogar ein Hund ist mitgekommen.

Die Menschen alle in altdeutscher Kleidung. Zeitlich ein Bruch zu den Weisen der Zeitenwende. Menschen aus den verschiedensten Milieus, wie wir heute so schön sagen. Die haben im normalen Leben sicher gar nicht so viel miteinander zu tun. In der Stadt nehmen sie sich vielleicht gar nicht wahr. Was hat ein wohlhabender Bürger schon mit einem zerlumpten Bettler zu tun? Was eine Nonne mit einem Handwerker? Was das alte Mütterlein mit dem jungen Paar? Wir sehen oft nur unseresgleichen, sozusagen. Gar nicht aus bösem Willen, sondern weil wir filtern, was an Bildern auf uns einströmt. Ich habe nie so viele schwangere Frauen gesehen wie zu den Zeiten, in denen ich selbst zu ihnen gehörte. Es ist also auch heute so, dass Menschen sich manchmal gar nicht wahrnehmen, selbst wenn sie denselben Bürgersteig benutzen. Aber hier treffen sie sich, auf ihrem Weg, dem Stern hinterher. Einer zeigt den anderen, wohin sie schauen müssen. Andere geben sich Halt, mancher nimmt einen anderen mit.

Das kleine Mädchen an der Hand der Mutter schaut aus dem Bild heraus. Direkt zu uns, direkt zu mir, direkt zu dir:

Kommst du auch mit? So fragt sie vielleicht.

Sie alle folgen dem Stern. So heißt das Bild. Aber es hat noch einen zweiten Namen, schon vom Maler selbst bekommen. Weg des Lebens heißt es auch.

Diese Menschen sind unterwegs, wie wir auch. Jeder mit seiner eigenen Geschichte, die hinter ihm liegt, jede mit dem, was ihr gelungen ist, und dem, was sie nicht geschafft hat, jeder mit den Aufgaben, die ihm schon gestellt wurden. Jede mit den Talenten, die sie mitbekommen hat. Jeder auch mit den Ungerechtigkeiten, die er zu tragen hat. Warum darf der eine in einer intakten, liebevollen Familie aufwachsen, die andere aber nicht? Warum sieht die eine ihr ganzes Leben hindurch keinen Arzt und der andere quält sich zeitlebens mit

Schmerzen und Einschränkungen? Warum können wir hier im Wohlstand leben und anderswo leiden Menschen Hunger? Warum findet der eine seine große Liebe und die andere gerät immer an den Falschen? Ungerecht ist vieles. Auch das gehört zu unserem Leben.

Das alles findet sich auch hier im Bild. Wobei, wir können es nur erahnen. Wir wissen nichts über die Geschichte dieser Menschen. Das liegt sozusagen rechts außerhalb des Bildes. Was wir spüren können, was wir dank der wunderbaren Kunst des Malers sehen können, ist, was sie im Herzen tragen. Eine Hoffnung nämlich, die sie bewegt, die sie weitergehen lässt, die sie antreibt. Nicht alle gleichermaßen. Da ist die eine stürmischer, drängender, ein anderer schaut noch zögernd und etwas skeptisch zurück. Ja, so ist das mit Menschen. Manche sind spontan begeisterungsfähig, andere warten lieber erst mal ab. Aber sie alle sind unterwegs. Und sie sind es gemeinsam. Unsere Zeit, unsere Gesellschaft sieht vor allem auf den Einzelnen. Es gilt, sein eigenes Leben zu leben, es in die Hand zu nehmen. Jeder muss zusehen, wo er bleibt, so hört man oft. Wenn jeder an sich selbst denkt, ist an alle gedacht, so sagen manche. Der Maler will sagen: So geht es nicht. Oder: So soll es nicht gehen. Nehmt einander mit. Macht die anderen aufmerksam auf das, was ihr erkannt habt. Zeigt den anderen den Weg. Kümmert euch um die, die zu schwach sind, um selbst zu gehen. Stützt einander, helft einander wieder aufzustehen, wenn einer gefallen ist. Wollt das Glück, das Heil, die Seligkeit nicht nur für euch alleine. Es für alle wollen ist der beste Weg, um es selbst auch zu erfahren.

Der Weg des Lebens. Wohin geht er? Ins Nichts oder vielleicht doch zu einem Ziel? Ich glaube fest daran, dass er zu einem Ziel führt. Und weiß mich da eins mit dem Künstler. Er malt es nicht aus, dieses Ziel. Auch ich kann Ihnen nicht sagen, wie es aussehen wird. Ich kann es weder heute, ich kann es nicht, wenn die Konfirmanden mich fragen, ich kann es nicht auf dem Friedhof. Aber ich kann es, so wie der Maler auch, erahnen, erhoffen, ersehnen. Das dann doch.

Das Bild sagt: Da ist ein Licht. Ihr könnt es noch nicht sehen in seiner ganzen Kraft, in seiner ganzen Gestalt. Aber es ist das Licht, das den nächtlichen Himmel schon ins Morgenrot getaucht hat. Seinen Schein seht ihr schon auf eurem Lebensweg. Und es lohnt sich, dem zu folgen.

Weihnachten. Das Licht, das in der Finsternis scheint. So wie Johannes es in seinem Evangelium beschreibt. Jesus Christus, Gott selbst, der Mensch wird. Der Morgenstern, wie er auch besungen wird. Der das himmlische Licht hineinträgt in unseren Alltag, der oft grau ist und düster. Der uns heiter sein lässt, selbst wenn vieles noch zu wünschen übrig bleibt. Der uns Mut macht, wenn alles mühsam scheint. Der uns Hoffnung schenkt, wenn wir den Weg vor uns nicht deutlich sehen. Der uns Lasten abnimmt. Nicht immer. Nicht alle. Aber immer wieder manche.

Der Weg des Lebens. Ich möchte mich gerne einladen lassen von diesen Menschen, mitnehmen lassen, anstecken lassen von der Sehnsucht, die sie bewegt. Und ich möchte, dass wir uns gegenseitig mitnehmen, uns halten und stützen, uns den Weg weisen. Ich möchte auch, dass wir keinen zurücklassen.

Sie alle folgen dem Stern. Wohin geht dieser Weg? Es sieht für mich so aus, als stünden die Menschen auf einer Art Hochebene, links unten liegt das Tal vor ihnen. Ganz fern im Hintergrund angedeutet Häuser, eine kleine Stadt vielleicht. Dahin führt sie das Licht. Es sind vielleicht die Hoch-Zeiten in unserem Leben, die in uns die Sehnsucht nähren, die in uns die Träume und Wünsche wieder beleben, zu denen wir das Licht deutlicher erkennen. Aber da können wir nicht bleiben. Wir müssen wieder in die Täler des Alltags. Genau dahin führt uns der Stern, der die Weisen aus ihren Palästen in den Stall von Bethlehem geführt hat. Der will uns in unser ganz normales Leben führen. Da leuchtet das himmlische Licht.

Kommst du mit?, fragt das Mädchen

Ich komme.

Amen

Und der Friede Gottes, der höher ist als unsere Vernunft, bewahre eure Herzen und Sinne in Christus Jesus.

- ***Lied EG 73,1–5 Auf Seele, auf und säume nicht, oder:***
  Lied EG 52 Wisst ihr noch, wie es geschehen
- ***Fürbitten***

Gott, du willst zu uns kommen.
In dieser Heiligen Nacht.
An Weihnachten.
Und an jedem anderen Tag unseres Lebens.
Öffne unsere Augen, dass wir dich erkennen zwischen all dem, was unsere Aufmerksamkeit bindet.
Öffne unsere Ohren, dass wir deine oft so leise und zarte Stimme hören in all dem Lärm dieser Welt.
Öffne unser Herzen, dass wir wieder zu hoffen und zu träumen wagen.
Und öffne unsere Herzen für die Menschen um uns herum, die uns brauchen.

- ***Vaterunser***
- ***Segen***
- ***Lied EG 44,1–3 O du fröhliche***

Zurück auf Anfang (Micha 5,1–3)

Predigt für Heiligabend oder einen Weihnachtstag

Es gibt Leute, die in ihrer Freizeit gerne Patchworkarbeiten machen. Da muss man verschiedene bunte Stoffe zu neuen Mustern zusammensetzen. Manche sind darin echte Künstlerinnen und Künstler.

Aber auch denen passiert es manchmal, dass eine Naht dann doch schief geworden ist, weil man nicht aufgepasst hat. Oder es wurden nicht beide Stoffteile erfasst oder die Ecke kommt einfach nicht da an, wo sie vom Muster her ankommen müsste. Man kann dann versuchen, es irgendwie noch hinzuschummeln, aber oft bleibt nichts anderes übrig als die Naht wieder aufzutrennen bis zu dem Punkt, an dem noch alles in Ordnung war. Das geht bei anderen Handarbeiten genauso, ob es nun Hardangerstickerei ist oder ein Pullover, der gestrickt wird. Wenn ein Fehler drin ist, muss man meist bis zu dem Punkt zurückgehen, an dem er passiert ist. Und beim Zusammenschrauben von Möbelstücken und beim Tischlern ist das genauso.

Wieder zurück an den Anfang. Noch einmal beginnen. Mit der Hoffnung, dass es dieses Mal richtig wird.

Das ist der Grund, aus dem Lukas so kunstvoll und schön konstruiert hat, wie Maria und Josef ihr Kind in Bethlehem bekommen. Das ist der Grund, aus dem Jesus nicht einfach zu Hause in Nazareth geboren wird.

Weil Bethlehem der Anfang ist, an dem noch alles gut war, an dem noch alles möglich schien.

Bethlehem, ein kleiner, eigentlich unbedeutender Ort. Der Ort aber, an dem David geboren ist, der König, auf dem so viele Hoffnungen ruhten. Der übrigens selbst so ein bisschen wie Bethlehem war, der kleinste unter den Brüdern, der unbedeutendste, der nicht einmal mit in den Krieg ziehen durfte, weil ihm niemand zugetraut hat, dass er da besteht. Warum ausgerechnet der? Es hat doch Stärkere, Ältere, Beeindruckendere gegeben. Weil Gott es so wollte. Punkt. Er wollte David zum König machen über Israel. Und dieser David war dann ein König, von dem noch 1000 Jahre später die Menschen sprachen und schwärmten.

Aber dann irgendwann kamen die Webfehler sozusagen, die krummen und schiefen Nähte, die Mängel und Fehler der Könige nach ihm, die falschen Entscheidungen, die das Volk in Not und Elend stürzten, Gewalt, Ungerechtigkeit, Ausbeutung. Kriege, dann irgendwann die Unterjochung durch starke Nachbarvölker, die nationale Katastrophe, Zerstörung des Landes, des Tempels, Deportation von unzähligen Israeliten nach Babylon. Nichts mehr über vom ursprünglichen Glanz und der ursprünglichen Idee, dass nämlich der König für sein Volk so etwas ist wie ein guter Hirte, der dafür sorgt, dass alle leben können, dass niemand zu Schaden kommt. Im Gegenteil. Der totale Zusammenbruch.

Aber im Volk wuchs die Hoffnung darauf, dass eines Tages ein neuer König käme, der alles wieder so macht, wie Gott sich das eigentlich vorgestellt hat, noch einmal zurück auf Anfang. Noch einmal neu beginnen. Noch einmal dahin zurück, wo es noch gut war. Noch einmal zurück nach Bethlehem.

Du Bethlehem Efrata, die kleinste unter den Städten aus Juda, aus dir soll mir der kommen, der in Israel Herr sei.

So steht es im Buch des Propheten Micha. Und das erzählten die Leute weiter, über Generationen hinweg: Der künftige König, der alles wieder gut machen wird, der wird aus Bethlehem kommen ...

Und diese Erzählungen kannte Lukas, als er aufschrieb, wie das war mit Jesus und wie es angefangen hat. Und Matthäus kannte sie auch, der dann die Sterndeuter eben dorthin ziehen lässt, nach Bethlehem.

Beide, Lukas und Matthäus, wollen damit sagen: Seht her, da ist er, der König, auf den ihr seit Jahrhunderten wartet. Mit ihm fängt Gott seine Geschichte mit uns Menschen noch mal neu an. Mit ihm geht er zurück zum Ursprung, dahin, wo es noch keine Webfehler gab und keine schiefen und krummen Nähte. Mit ihm zeigt Gott uns, wie er sich das vorgestellt hat mit dieser Welt und mit uns.

Bethlehem, die kleinste unter den Städten, David, der kleinste unter den Brüdern, Jesus, ein Kind in einer Krippe, kleiner, schwächer geht es nicht. Und armseliger auch nicht. Der Stall, die Krippe, das ist nicht Landlust-Feeling, das ist kalt und windig und schäbig. Da geht Gott hin. Wir bleiben nach Möglichkeit gerne in der Komfortzone. Er nicht. Und er geht dahin nicht nur mal auf einen Besuch, nicht nur so, wie Politiker in ein Erdbebengebiet fahren und dort in die Kameras schauen und warme Worte sprechen und dann wieder ins Auto steigen und von ihrem Chauffeur zurückgefahren werden, sondern er bleibt da. Ein Menschenleben lang. Ein Menschenleben, das dazu noch gewaltsam und qualvoll enden wird.

Das soll der erwartete König sein? Mit dem soll alles anders werden? So hat Gott sich das vorgestellt? Manchmal sind Menschen davon enttäuscht, damals wie heute. Manchmal denkt man vielleicht: Na, das hat ja wohl nicht so geklappt.

Aber manchmal haben wir vielleicht auch eine Ahnung davon, was Gott gemeint haben könnte, als er Jesus auf diese Welt schickte. Vielleicht besonders heute und in diesen Tagen. Wo ich doch spüre, dieses Kind ist auch für mich geboren. Ohne dass ich das genau verstehen würde oder genau erklären könnte. Wo ich mitgehe mit den Hirten und neben ihnen stehe, an der Krippe, und mir nichts so sehr wünsche wie dass es mich ansieht. Das himmlische Kind. Und mich erkennt. Mit all meinen schönen Seiten und mit den Schrammen und Macken, mit den Webfehlern und den schiefen Nähten. Und dass es lächelt und sich über mich freut. Schön, dass du da bist, höre ich seine

Stimme. Und in seinen Augen sehe ich seinen Wunsch: Lass mich in dein Herz! Nimm mich mit in dein Leben. Nicht nur zu Weihnachten, sondern auch in deinen Alltag. Und lern von mir.

Nimm mich zum Beispiel mit in deine Familie und deinen Freundeskreis und lass mich dir helfen. Da, wo ihr Stress habt, da, wo es Spannungen und Krisen gibt. Da, wo ihr mit euren unterschiedlichen Wünschen und Bedürfnissen aufeinanderprallt. Lass mich dir da helfen, immer wieder auf die anderen zuzugehen, Geduld zu haben. Großzügig geben zu können ohne aufzurechnen, was du dafür bekommst.

Und nimm mich mit zu deiner Arbeit. Die musst du schon selbst tun, das ist klar. Aber lass mich dir helfen, immer wieder den Sinn darin zu sehen. Und wenn es mal nicht so rund läuft, dann will ich dir helfen, dich selbst nicht mehr infrage zu stellen als nötig. Du bist nicht nur das, was du leistest.

Und nimm mich überall hin mit, wo du auf andere Menschen triffst. Ich will dir helfen, friedlich zu sein, so viel es an dir liegt, und gnädig mit den Schwächen der anderen und humorvoll. Aber ich will dir auch den Mut geben, Schwieriges anzusprechen und zu klären.

Und nimm mich mit, wenn du durch schwere Zeiten gehst. Ich kenne das. Und ich bleibe an deiner Seite. Und ich gebe dir die Kraft, die du brauchst, jeden Tag neu.

Das Kind in der Krippe. Für mich geboren. Und für jeden von uns. Im Jahreslauf kommt uns dieses Wissen manchmal abhanden, wird es überdeckt von all den Aufgaben, der Unruhe, den Zweifeln, dem angeblichen Vernünftigsein. Da passt Gott manchmal nicht so richtig rein. Aber heute sind wir wieder hier. Zurück am Anfang, sozusagen, am Ursprung. Und schämen uns überhaupt nicht, dass uns das Kind in der Krippe berührt. Nehmen wir es doch mit in unseren Alltag. Und zeigen damit auch der Welt, dass wir in diesem Kind aus der Krippe in Bethlehem den wahren König sehen.

Amen

Er kam in sein Eigentum: Coming Home for Christmas (Johannes 1,11)

Predigt für Heiligabend oder einen Weihnachtstag

Coming Home for Christmas. Zu Weihnachten nach Hause kommen. In diesem Tagen laufen Dutzende amerikanischer Spielfilme, die davon handeln, wie die Familie sich trifft zu Weihnachten. Mit riesigen Paketen und Tüten beladen steigen sie aus den Autos und Mutter und Vater stehen schon in der Tür und erwarten ihre Kinder und Enkel. Es liegt Schnee. In amerikanischen Filmen liegt zu Weihnachten immer Schnee. Sie haben schöne Kleider an, sie liegen sich in den Armen. Sie sitzen gemeinsam am Tisch und essen, essen, essen.

Coming Home for Christmas. Zu Weihnachten nach Hause kommen. Eine tiefe Sehnsucht bei vielen Menschen. Auch hier ist heute mancher, der sein Alltagsleben mittlerweile ganz woanders lebt. Zum Studium weg ist, zur Arbeit. Aber spätestens am 23. Dezember sitzt man im Zug oder im Auto. Und dann steht der Baum im Wohnzimmer der Eltern, wo er immer gestanden hat, man geht in die Kirche, in der man vielleicht schon getauft und konfirmiert wurde oder früher im Krippenspiel mitgespielt hat, und später am Abend gibt es die Gans, den Karpfen oder was auch immer Tradition hat. Und dann sind da noch die vielen, die zwar gerade in einer anderen Kirche sitzen oder unterm Weihnachtsbaum bei den anderen Großeltern, die dieses Jahr dran sind, oder irgendwo anders, aber mit einem Teil ihres Herzens und ihrer Gedanken trotzdem jetzt auch hier sind.

Coming Home for Christmas. Zu Weihnachten nach Hause kommen. Das hat etwas zu tun mit dem Wunsch nach Wärme, nach Liebe, nach Geborgenheit. Nach dem, was man kennt, nach Frieden, nach Ruhe.

Zumindest aus den amerikanischen Filmen wissen wir, dass es mit all dem aber nicht immer so klappt wie gewünscht. Da geraten dann die Geschwister aneinander, die sich ansonsten im Jahr so schön aus dem Weg gehen können. Sie prallen zusammen mit ihren unterschiedlichen Vorstellungen vom Leben. Mit den alten Verletzungen, die es in jeder Familie gibt. Amerikanische Weihnachtsfilme zelebrieren die kleinen und größeren familiären Katastrophen. Und vor dem Fernseher kann man sehr darüber lachen. Vielleicht manchmal mit einem bitteren Unterton. Denn wir erleben das ja auch dann und wann. Es ist nicht einfach alles heil und schön, wenn wir zu Weihnachten zusammenkommen. Es sind nicht alle gechillt und fröhlich. Da liegen oft auch Müdigkeit und Anspannung in der Luft. Alter Streit, der nicht ausgeräumt wurde. Da sind die Niederlagen des vergangenen Jahres, die Enttäuschungen. Schicksalsschläge, Abschiede, die genommen werden mussten. Da ist viel Traurigkeit, die oft noch größer dadurch wird, dass alles so schön und gemütlich sein soll. Weihnachten ist nicht einfach ruhig und friedlich.

Mehr als 60 Millionen Menschen weltweit sind zurzeit auf der Flucht. Auch in diesen Weihnachtstagen. Viele von ihnen sind geflohen, weil sie um ihr Leben und das ihrer Familie fürchten mussten. Andere, weil sie keine Perspektive sehen in Ländern, in denen Armut, Hunger, Korruption an der Tagesordnung sind. Die meisten von ihnen, da bin ich sicher, wären jetzt auch lieber zu Hause. An dem Ort, wo sie die Nachbarn kennen, wo man ihre Sprache spricht, wo ihre Verwandten leben. Wo sie sich auskennen. Wie hören die solche Lieder wie „Coming Home for Christmas"? Für viele von ihnen ist das Handy, das Smartphone die Möglichkeit, wenigstens mit dem Zuhause verbunden zu sein. Von den Angehörigen hören, ein paar Grüße rübersenden können. Und dann glücklich sein, wenn es Empfang gibt.

Die Ursprungsgeschichte von Weihnachten hat vermutlich viel mehr damit zu tun als mit unseren Feiern im trauten Familienkreis.

Maria und Josef waren nicht zu Hause. Nicht in Nazareth, nicht in ihren eigenen vier Wänden, Maria lag nicht in ihrem eigenen Bett, wo man doch sein sollte, wenn man ein Kind bekommt (damals zumindest, als es noch keine Geburtsabteilungen in Krankenhäusern gab). Das junge Paar hatte eine strapaziöse Reise hinter sich. Zu Fuß. Übers Gebirge. Über Stock und Stein. Von wilden Tieren und Wegelagerern bedroht. Und dann endlich angekommen. Aber überall nur verschlossene Türen. Abgewiesen. Keine Willkommenskultur in Bethlehem damals. Da hinten, im Stall, da könnt ihr für die Nacht unterkommen. Und dort kommt das Kind zur Welt. Ohne Hebamme, ohne eine Verwandte, die Maria zur Seite steht. Natürlich auch ohne PDA. Ohne Handtücher und warmes Wasser. Die wären bestimmt auch lieber zu Hause gewesen. Aber genau dort sollte es sein. In der Fremde. In der Schäbigkeit dieses Stalls. Und die, die dann als Erste das Kind betrachten dürfen, sind ausgerechnet Leute, die auch kein Zuhause haben. Keines zumindest, wie wir uns das vorstellen. Kein Häuschen mit Garten. Hirten, die auf dem Feld bei den Schafen leben. Vielleicht in einer Art von Zelt. Vielleicht in einer Art von Bretterverschlag. Das sind Leute, die die normalen Bürger von Bethlehem nur mit der Kneifzange anfassen würden. Dreckig und derb. Sie sind die ersten Zeugen von Weihnachten. Weihnachten, wie die Bibel es beschreibt, ist schäbig und armselig.

Coming Home for Christmas. Zu Weihnachten nach Hause kommen. Dabei denken wir natürlich an Menschen, die nach Hause kommen. Aber vielleicht gilt das in ganz anderer Weise auch für Gott selbst. Zumindest, wenn man beim Evangelisten Johannes nachliest. Der beschreibt Weihnachten so: „Das Wort ward Fleisch und wohnte unter uns. Er kam in sein Eigentum." Gott selbst kommt an Weihnachten sozusagen nach Hause. Der Ort, an dem Gott wohnen will, ist nicht der Himmel, ist nicht das Paradies, ist nicht das Jenseits. Sondern diese Welt hier. Mit ihren merkwürdigen, verqueren Menschen. Mit ihren Schönheiten und ihrer Dunkelheit. Mit ihren ungeputzten Ecken. Mit ihren Tälern und Abgründen. Hier und jetzt. Und dann schreibt Johannes weiter: „Aber die Seinen nahmen ihn nicht auf."

In diesem Satz fasst der Evangelist das Leben Jesu zusammen, alles, was der Gottessohn, Jesus Christus, das Kind in der Krippe in seinem Leben erfahren hat an Ablehnung, an Unverständnis, an Feindschaft. Auch da keine Willkommenskultur, die er hat erleben dürfen. Auch da nicht viel von Ruhe und Frieden und Gemütlichkeit. Keine heile Welt. Aber er ist trotzdem gekommen. Obwohl er wusste, worauf er sich einlässt. Weil er hier zu Hause ist. Weil er uns eben liebt. Weil er mit uns zusammen sein will. Obwohl wir vielleicht unser Leben gerade nicht herausgeputzt haben. Obwohl wir mit Macken vor ihm stehen. Gar nicht so viel vorzuweisen haben. Und Gott kommt trotzdem. Weil es ihm gar nicht darum geht, was wir ihm zu bieten hätten.

Und manchmal gelingt uns das untereinander auch. In Familien. Oder bei Freunden. Und manchmal auch mit völlig fremden Menschen. Dass da etwas durchscheint von einem echten Zuhause. Wo nicht alles perfekt sein muss, aber wo Vertrauen und Wärme aufleuchten. Wo Menschen füreinander da sind. Sehen, was ein anderer braucht. Und geben. Einfach geben. Ohne zu rechnen. Wo wir nichts vorweisen müssen, sondern einfach die sein dürfen, die wir sind. Und genau so geliebt werden. Wo Menschen sich die Hände reichen und eine Annäherung wagen vielleicht nach Jahrzehnten. Und das sind besondere Augenblicke, die eine Ahnung schenken von dem, was uns versprochen ist. Dem Moment am Ende der Zeiten, wenn Gott Wohnung bei uns nehmen wird. Wenn wir auf Ewigkeit beieinander zu Hause sein werden.

Amen

Die Ruhe auf der Flucht

Gottesdienst 2. Weihnachtsfeiertag (Matthäus 2,13–14)

mit Bild „Die Ruhe auf der Flucht“ (Caravaggio)

Vorbemerkung: Das Bild findet sich im Internet u.a. bei Wikipedia.

- ***Musik***
- ***Begrüßung***

Das Wort ward Fleisch und wohnte unter uns und wir sahen seine Herrlichkeit.

Weihnachten. Für viele das schönste Fest im Jahr. Weihnachtsfreude. Heute Morgen etwas abgekühlter als vorgestern Abend, weniger Aufregung, weniger Andrang auch. Man wusste, als man sich auf den Weg machte, dass man bestimmt einen Platz bekommt. Jetzt sind wir hier. Im Herzen die Erlebnisse dieser beiden Tage, hoffentlich war da manche schöne Stunde dabei, die eine oder andere Überraschung, strahlende Momente. Vielleicht auch mit den unerfüllten und unerfüllbaren Wünschen und Hoffnungen. Vielleicht die eine oder andere Ernüchterung. Mit all dem dürfen wir sozusagen zur Krippe kommen, dort für einen Moment ablegen, was uns das Herz schwer macht, und schauen und uns überraschen lassen, was wir im Tausch dafür mit nach Hause nehmen können, was Gott uns schenken will.

- ***Lied 45 Herbei, o ihr Gläubigen***
- ***Psalm 96***
- ***Eingangsliturgie***
- ***Gebet***

Gott, du bist zu uns gekommen und wir kommen zu dir. So wie wir sind. Mit unserer Freude über schöne Stunden. Mit unserem Dank für das, was wir geschenkt bekommen. Mit unseren Schmerzen und Enttäuschungen. Mit unserer Müdigkeit. Gib einem jeden von uns das, was er, was sie gerade am nötigsten braucht.
Dir sei Ehre in Ewigkeit.

- ***Hinführung zur AT-Lesung***

Sicherheit und Frieden. Danach sehnen sich Menschen schon seit Urzeiten. Und erleben ebenso lange, dass die immer wieder bedroht sind. Sicherheit und Frieden. Davon erzählen die Verheißungen der Propheten Israels. Eines Tages, sagt Hesekiel, wird Gott seinen Knecht schicken und seinem Volk durch ihn beides schenken.

- ***Lesung Altes Testament (Hesekiel 37,24–28)***
- ***Lied EG 36,1+6–9 Fröhlich soll mein Herze springen***
- ***Hinführung zum Evangelium***

Engel. Zu Weihnachten haben sie Hochkonjunktur. Sie erscheinen den Hirten, sie singen ihr Gloria. Aber schon vorher sind sie wichtig. Der Engel, der Maria die Geburt ankündigt. Und der Engel, der dafür sorgt, dass Josef nicht von der Fahne geht. Von ihm hören wir bei Matthäus im 1. Kapitel.

- ***Lesung Evangelium Matthäus 1,18–25***
- ***Glaubensbekenntnis***
- ***Lied EG 27 Lobt Gott, ihr Christen alle gleich***
- ***Predigt***

Weihnachten. Nach allen Strapazen und allem Unbill der Reise waren sie dann endlich angekommen. Zwar nur in einem Stall. Aber was soll's? Ein Dach über dem Kopf. Einigermaßen vor dem Wind geschützt. Und vor Kälte auch durch die Wärme der Tiere. Für das Kind ein einigermaßen weiches Lager gefunden. Im Stroh. In der Krippe. Und satt waren sie sicher auch, Maria und Josef. Die Hirten haben, so stelle ich mir das vor, etwas Brot dagelassen. Und etwas Käse. Und um das Kind satt zu machen, hatte Maria alles Nötige bei sich. Und dann waren da noch die Geschenke der Weisen. Ob man mit dem Gold schon etwas anfangen konnte, weiß ich nicht. Aber vielleicht hat der Duft des Weihrauchs das Wohlbehagen schon gleich gesteigert und der, wir würden heute sagen, Landluft etwas entgegengesetzt. Und die Salbe aus Myrrhe hat die Schmerzen an den wunden Füßen gelindert. Aber wer fragt denn überhaupt nach solchen Dingen, wenn er sein Kind ansieht. Wie es schläft, wie es sich in den Arm der Mutter oder des Vaters schmiegt, wie es trinkt. Und so wunderbar riecht, wie nur Babys das tun. In solchen Momenten sind die Nöte des Lebens vergessen. Einfach nicht da. Da besteht die Welt aus Liebe. Da ist ein Mensch eins mit allem, mit dem anderen, mit sich, mit dem Schöpfer.

Ach, wenn man doch bleiben könnte. Dort. Wenn man den Moment auf ewig behalten könnte! Den Moment, in dem alles friedlich ist. In dem nichts mangelt. In dem nichts drückt. In dem man zur Ruhe kommen konnte.

Aber Leben ist nicht so. Das Leben lässt nicht zu, dass wir dauerhaft in der Idylle verweilen könnten. Vielleicht, wenn Sie Glück hatten, haben Sie an diesem Weihnachtsfest auch solche Momente erlebt. Wo einfach alles gut war. Wo man die Lieben betrachtet hat und wusste: Hier gehöre ich her. Wo man nichts mehr wollte. Und nichts anderes brauchte als eben das, was der Augenblick geschenkt hat. Kostbare Momente sind das. Aber sie lassen sich nicht festhalten, sie lassen sich nicht konservieren, sie lassen sich nicht erzwingen. Das kennen Sie alle. Irgendwann wird man wieder in die normale Realität geworfen. Das muss gar keine Katastrophe sein. Da reicht schon das Telefon, das klingelt, und dann will wieder jemand was und man muss und will dem auch gerecht werden, und, und, und. Oder die Kinder fangen an, sich zu zanken, und man muss als Eltern wieder einschreiten. Oder man bekommt eine Migräne oder Sodbrennen, und dann hat es sich mit der Idylle. Oder so.

Die Nacht in Bethlehem, so friedlich und schön sie denn vielleicht auch gewesen ist, so erfüllt und voller Staunen: Sie war bald auch wieder zu Ende. Die Warnung der Weisen und die Botschaft des Engels machten es notwendig, sofort aufzubrechen und die Flucht anzutreten. Um das Leben des Kindes zu schützen.

„Als sie aber hinweggezogen waren, sieh, da erschien der Engel des Herrn dem Josef im Traum und sprach: Steh auf, nimm das Kindlein und seine Mutter mit dir und flieh nach Ägypten und bleib dort, bis ich es dir sage, denn Herodes hat vor, das Kindlein zu suchen, um es umzubringen. Da stand er auf und nahm das Kindlein und seine Mutter mit sich bei Nacht und entwich nach Ägypten." (Matthäus 2,13–14)

Das Leben, das mit all seinem Chaos unsere Pläne durchkreuzt. Die Weihnachtsgeschichte sagt: Das hat Gott selbst so erlebt. Die Heilige Familie hat keinen Sonderstatus.

Kein Wochenbett. Keine Zeit der Ruhe nach der anstrengenden Geburt. Keine Zeit für Bonding, wie man heute so schön sagt, für Kuscheln und Kennenlernen. Sondern wieder los. Eilig. Hals über Kopf. Josef zu Fuß, egal, ob die Füße noch müde waren. Maria auf dem Esel. Zumindest malen es die Künstler so. Über Stock und Stein. Natürlich nicht auf den bekannten und überwachten Straßen, sondern querfeldein. Jede Mutter wird ahnen können, was das für eine Tortur gewesen sein muss am Tag nach der Niederkunft. Flucht ist nie bequem. Damals nicht und heute auch nicht. In Wirklichkeit kann ich das nicht ermessen, wenn ich abends im warmen Wohnzimmer sitze und in der Tagesschau die Bilder sehe, aus Syrien oder so, die Bilder aus den Flüchtlingslagern. Familien mit kleinen Kindern. Das Nötigste an Gepäck, das, was man eben so tragen kann. Tagelang, manchmal wochenlang gehen. Morgens nicht wissen, wo man die Nacht wird verbringen können. In ein Boot steigen und nicht wissen, ob man ankommt. So überfüllt wie das Boot ist. So zweifelhaft wie die

Besatzung aussieht. Mancher aus unseren Dörfern, aus unseren Gemeinden hat damals nach dem Krieg Ähnliches erlebt. Lange Trecks Richtung Westen. Zu Fuß, auf einem Karren oder in überfüllten Eisenbahnwaggons, auf den Schiffen über die Ostsee. Fluchterfahrung. Vertreibungsgeschichten.

Aber vielleicht gibt es auch darin dennoch immer mal wieder einen Moment der Ruhe. Vielleicht am Abend. Wenn man ein warmes Plätzchen gefunden hat. Vielleicht einen guten Menschen, der mit einem das Brot teilt. Der für die Kinder eine Kleinigkeit aus der Tasche zieht, die er aufgespart hat. Vielleicht wenn man für die Kleinen ein Schlaflied singt und sie friedlich einschlafen. Oder wenn einer aus der Gruppe seine Mundharmonika herauszieht und etwas spielt. Vielleicht, wenn sich Blick und Blick finden. Von Eheleuten, von Geschwistern, von Freunden. Wir schaffen das gemeinsam! Und: Hauptsache, wir haben uns!

Momente der Ruhe auf der Flucht.

Vielleicht haben Maria und Josef auch solche Momente gehabt. Die Legende gönnt ihnen das. Und Künstler aus den verschiedenen Jahrhunderten ebenso und haben es ihnen auf den Leib gegossen oder gemalt. Die Ruhe auf der Flucht nach Ägypten. Ein beliebtes und häufiges Motiv der Kunstgeschichte. Rembrandt, Barlach, viele andere mehr. So wie Caravaggio. Dies Bild ist in Rom zu sehen. Um 1594 hat Michelangelo Merisi, der aber unter dem Namen seiner Heimatstadt, eben Caravaggio, bekannt geworden ist, es gemalt. Ein echter Schinken, wie viele seiner Bilder. 1,35 m mal 1,66 m. Da bräuchten Sie zu Hause schon eine ziemlich freie Wand. Caravaggio hat sich an vielen Szenen aus der Bibel und aus der Kirchengeschichte ausgetobt. Das Besondere war, so sagen es die Kunsthistoriker, dass er Sakrales und Profanes miteinander verknüpft hat, religiöse Darstellung mit dem, was wir aus unserem normalen menschlichen Leben und Alltag kennen.

Auf der Flucht sein. Für ihn selbst, für den Maler, gehörte das auch immer wieder zum Alltag. Er war offenbar häufig in gewaltsame Auseinandersetzungen verwickelt und musste mehrfach aus Rom fliehen.

In der Mitte des Bildes steht im hellen Licht der Engel. Er spielt auf einer Violine. Seine Flügel teilen das Bild in zwei Hälften. Links sitzt Josef auf dem Gepäck und hält die Noten. Reizend, dass auch ein Engel Noten braucht! Er spielt aus einer Motette eines flämischen Komponisten aus dem frühen 16. Jahrhundert. Vielleicht ein Lieblingsstück des Malers. Musik, die er selbst gerne gehört hat, die ihm vielleicht dann und wann so etwas wie Seelenfrieden geschenkt hat. Im Hintergrund der Esel, in der Mitte ein Baum. Rechts Maria, die das Kind im Arm hält. Selig schlafen beide.

Ein geschenkter Moment. Um neue Kraft zu sammeln. Um einmal durchzuatmen.

Mögen auch die Menschen heute solche Momente erleben. Mögen auch sie Engeln begegnen. Die sie auf einen Kaffee einladen, für sie Musik machen oder ihnen ein Weihnachtsgeschenk vorbeibringen, obwohl die Familien vielleicht als Muslime gar nicht Weihnachten feiern.

Und mögen wir alle solche Momente erleben. Die wir ja meistens nicht real auf der Flucht sind und trotzdem oft wie Getriebene leben. Dass wir immer mal wieder für einen Augenblick durchatmen können und Frieden finden für unsere Seele.
Amen

- ***Lied EG 56 Weil Gott in tiefster Nacht erschienen***
- ***Abkündigungen***
- ***Lied EG 35 Nun singet und seit froh***
- ***Fürbitten***

Ruhe. Hast du der Heiligen Familie für einen Moment geschenkt.

Um Ruhe bitten wir dich heute.

Wir bitten für die, die sich selbst aufreiben zwischen Aufgaben und Terminen.

Wir bitten für die, denen Sorgen und Befürchtungen die innere Ruhe genommen haben.

Wir bitten für die, die in Streit und Unfrieden leben.

Wir bitten für die, die in ihren Heimatländern nicht sicher sind und fliehen.

Wir bitten für die, die sich um andere kümmern.

Und wir bitten für uns. Um Momente der Seelenruhe, die uns wieder Kraft schenken für die Aufgaben, die sich uns stellen.

- ***Vaterunser***
- ***Segen***
- ***Lied 44 O, du fröhliche***

Teil III: Zwischen den Jahren/ Jahreswechsel/Epiphanias

Zwischen den Jahren[6]

Kurzandacht, Zeitungsbesinnung o.ä.

„So'n büschen dazwischen." So fühlt sich Ina Müller. Zumindest singt sie das. Zwischen Kuscheltuch und Rheumadecke nämlich. Und eigentlich findet sie es sogar ganz reizvoll da. Sie kann manches entspannter sehen als mit 25. Aber es ist auch immer noch vieles möglich.

Dazwischen. Das ist ein besonderer Ort. Zwischen den Stühlen sitzen ist super ätzend. Zwischen die Fronten geraten höchst gefährlich. Aber zwischen den Jahren ist es wunderbar, finde ich.

Der große Emotionsberg ist überwunden, der Magen ist wieder im Normalmodus. Und die Silvesterparty ist noch ein paar Tage hin. Viele haben frei. Im Pyjama frühstücken, einen schnulzigen Disneyfilm gucken. Eine Winterwanderung mit den Freunden. Die Kinder sind auch nicht mehr so angestochen wie vor vier Tagen.

Zwischen den Jahren. Einen Moment durchatmen. Apropos Atmen. Haben Sie schon mal gemerkt, dass es nicht nur Ein- und Ausatmen gibt? Dazwischen ist jeweils eine ganz kleine Pause, in der gar nichts passiert. Manchmal versuche ich, darauf zu achten. Und spiele ein bisschen damit. Einen Moment länger aushalten als normal.

---

6 Gesendet bei Moment Mal, NDR 2, 28.12.2017, Evangelische Radio- und Fernsehkirche im NDR.

Und ich merke, schon das, dieses „darauf Achten“, bringt mich runter, beruhigt mich.

Das kleine Dazwischen. Wie gut, dass Gott sich das so ausgedacht hat.

Ina Müller, ich finde Sie haben recht! „So’n büschen dazwischen“ kann ’ne richtig tolle Sache sein.

Der Tigerkopf[7]

Kurzandacht, Zeitungsbesinnung o.ä.

Vor ein paar Tagen hatte ich ein Date. So wie viele von Ihnen. Mit Miss Sophie, Mr Pommeroy, Admiral von Schneider, Sir Toby und Mr Winterbottom. Und natürlich mit James, dem Butler, dem Star des „Dinner for One". Und dem Tigerkopf. Der James im Wege liegt und ihn zum Stolpern bringt. Wieder und wieder und wieder. Obwohl er doch weiß, dass der da liegt.

Ich habe kein Fell im Esszimmer, Sie sicher auch nicht. Aber wir haben dennoch den einen oder anderen Tigerkopf, über den wir immer wieder stolpern. Vielleicht das „immer zu schnell Jasagen, wenn einer was will" oder das Aufbrausen, der Griff zur Zigarette in Stressmomenten, das Kühlschrank-Leeressen nachts um 11 ...

Mancher nimmt sich für ein neues Jahr ganz viel vor. Gute Vorsätze. Alles soll anders werden. Ich bin da skeptisch, ob das gelingen kann. Wir nehmen uns selbst ja immer mit, auch ins nächste Jahr.

James schafft es nicht einmal, das Tigerfell wegzuräumen. Wie sollten wir uns da plötzlich um 180 Grad drehen, selbstbewusst werden oder geduldig oder diszipliniert, wenn wir das bisher nicht waren.

Aber ist das nicht trostlos? Und ist deshalb alles Mühen vergeb-

7 Gesendet bei Moment Mal, NDR 2 und N-Joy, 02.01.2017, Evangelische Radio- und Fernsehkirche im NDR.

lich? Nein, so auch wieder nicht. Ich habe beim „Dinner for One“ zwei Lieblingsmomente. Der eine ist der, als James zufällig am Tigerkopf vorbeiläuft und selbst darüber verwundert ist. Und der andere, als er das eine Mal drüberspringt. In der Bilanz ist das nicht so viel, er stolpert öfter, als dass er es nicht tut, aber ein Erfolg ist es trotzdem.

Vielleicht wäre das ein guter Vorsatz: Es dann und wann doch mal zu versuchen, über meinen Tigerkopf zu springen. Und mich über jedes Mal zu freuen, wo ich, warum auch immer, an ihm vorbeikomme.

Heute ein König[8]

Kurzandacht zu Epiphanias

„Das alles und noch viel mehr würd ich machen, wenn ich König von Deutschland wär …“, sang Rio Reiser vor 30 Jahren und auch heute noch kennt fast jeder diesen Song. Und vielleicht diesen Wunsch auch. König sein. Einfach mal alles tun können, was man will, ohne um Erlaubnis zu fragen. Einmal etwas ganz Besonderes sein. Reich. Bedient werden. Einmal Bestimmer sein.

„Heute ein König.“ Heute und in den kommenden Tagen ziehen ganz viele kleine Könige durch die Straßen. Die Sternsingerkinder, die sich verkleiden wie Caspar, Melchior und Balthasar, die Heiligen Drei Könige aus dem Morgenland, die nach Bethlehem kamen zum Stall. Mit Kronen und Umhängen aus Omas altem Brokatvorhang. Diese Könige sind anders, sie sind keine Bestimmer-Könige, weder die echten von damals noch ihre jugendlichen Nachfolger heute. Sie haben eine Botschaft. Und die lautet: „Das Kind in der Krippe ist der eigentliche König der Welt. Und jeder, der es in sein Herz lässt, wird gesegnet sein.“ CMB schreiben die kleinen Könige an die Türen. Manche müssen dazu hochgehoben werden, weil sie noch nicht drankommen. CMB. Christus Mansionem Benedicat. Christus segne dieses

---

8 Gesendet bei Moment Mal, NDR 2, 06.01.2017, Evangelische Radio- und Fernsehkirche im NDR.

Haus. Und die Sternsinger bitten um Spenden, nicht für sich, sondern für Kinder in den armen Ländern dieser Welt. Sie erinnern uns daran, wie gut es tut, zu teilen, von dem, was wir haben, etwas abzugeben, um einem anderen eine Freude zu machen. Das, was wir aus freiem Herzen geben, das macht uns selbst reich. Denn geteilte Freude ist wirklich doppelte Freude, das ist nicht nur so ein Spruch.

„Heute ein König." Machen wir es den Sternsingerkindern doch einfach nach, indem wir andere segnen und mit ihnen teilen.

Von guten Mächten wunderbar geborgen

Gottesdienst Altjahresabend (Römer 8,31b–39)

- ***Musik***
- ***Begrüßung***
- ***Lied EG 266 Der Tag, mein Gott***
- ***Psalm 121 (EG 749)***
- ***Dreiteiliges Kyriegebet (nach jeder Strophe: 178.9 Kyrie)***

Am Ende eines Jahres kommen wir zu dir. Wir bringen alles mit, was uns Freude gemacht hat, wir bringen unseren Dank für schöne Stunden, für Erfolge, für gute Begegnungen. Wir bringen unseren Dank für die Kraft, die uns geschenkt wurde, um unseren Alltag zu bestehen.

Das ist nicht selbstverständlich. Lass uns das nicht vergessen.

Kyrie eleison (178.9)

Am Ende eines Jahres kommen wir zu dir. Wir bringen auch das mit, was uns schwergefallen ist, Aufgaben, die uns an die Grenzen unserer Belastbarkeit gebracht haben, unsere Müdigkeit. Unsere Sorgen und Ängste. Enttäuschungen und Schmerzen.

Auch das gehört zu unserem Leben, wenn wir es uns oft auch anders wünschen. Lass uns an dem Schweren nicht verzweifeln, sondern wachsen.

Kyrie eleison (178.9)
Am Ende eines Jahres kommen wir zu dir. Wir bringen auch das mit, was wir falsch gemacht haben. Manchmal waren wir vorschnell, manchmal hingegen haben wir zu lange gezögert und das Richtige verpasst. Wir haben Menschen verletzt, unbedacht oder auch ganz bewusst. Wir haben auf uns nicht immer gut aufgepasst.

Wir werden immer wieder schuldig und stehen mit leeren Händen vor dir. Schenke uns Vergebung und einen Neuanfang.

Kyrie eleison (178.9)
Du hast dich unser längst erbarmt. Und tust es immer wieder neu. Wir danken für deine Geduld, mit der du uns immer und immer wieder begegnest. Wir danken dir für die Güte und Barmherzigkeit, mit der du uns ansiehst. Das war im vergangenen Jahr so, das wird auch im neuen so sein. Dafür sei dir Lob und Preis. In Ewigkeit.
Amen

- ***Lied EG 272 Ich lobe meinen Gott***
- ***Lesung Epistel (Römer 8,31b–39)***
- ***Lied EG 65 Von guten Mächten wunderbar geborgen***
- ***Predigt***

Als unsere Kinder noch kleiner waren, haben wir ihnen, nachdem wir ein Schlaflied gesungen hatten, einen Kuss gegeben und ihnen eine gute Nacht gewünscht und einen Lichtstecker in die Steckdose gesteckt. Damit sie, wenn sie nachts doch mal aufwachen sollten, ein bisschen sehen konnten und nicht so ganz orientierungslos in der Dunkelheit waren. Manch anderer lässt die Tür zum Kinderzimmer einen Spalt weit auf, damit das Licht vom Flur noch hereinscheint. Denn nachts, das wissen ja alle, ist die Zeit der Geister und Monster. Und die werden vertrieben vom Licht und von den Stimmen der Eltern im Wohnzimmer.

Nachts. Diese Nächte zwischen den Jahren, zwischen Weihnachten und Epiphanias, waren in alter Zeit die Raunächte. Besondere

Nächte. Die längsten des Jahres, in denen die Grenze zwischen den Welten fließend war. Angeblich. Zahlreiche Sagen und Bräuche sind mit ihnen verbunden gewesen. Das war die Zeit, in der Frau Holle umherging, die Zeit, die einen Blick in die Zukunft erlaubte, Zeit, in der Zauberkraft besonders wirksam war. Hieß es. In unseren Silvesterbräuchen hat sich manches davon erhalten. Die Knallerei, mit der die bösen Geister verscheucht werden sollen, Bleigießen für das Orakel des nächsten Jahres. Raunächte. Wir glauben nicht mehr so wie die Alten an Hexen und Feen. Und dennoch können Nächte immer noch schwer sein. Und manches bedrückt, was wir am Tag vielleicht ganz gut wegschieben oder bewältigen können. Viele Menschen finden nur schlecht in den Schlaf, grübeln, bewegen Gesagtes oder nicht Gesagtes hin und her und wieder her und hin und kommen aus der Schleife nicht heraus. Manches greift nach uns, ohne dass wir das bewusst ändern können. Und das nicht nur nachts. Das zeigt sich bis in die Sprache hinein. Die Wut packt mich. Oder: Angst überkommt mich. Dagegen bin ich erst mal wehrlos. Auch als erwachsener, einigermaßen vernünftiger Mensch. Ich glaube, dass jeder das schon mal erlebt hat. Oder immer wieder erlebt. Mächten ausgeliefert zu sein.

Raunächte. Diese Nacht heute ist nun eine besondere Nacht. Sie markiert einen Wechsel. Die Möglichkeit, die Hoffnung vielleicht auch, manches hinter sich lassen zu können. Das, was uns bedrückt hat im vergangenen Jahr. Das, was sich in den letzten 12 Monaten anders entwickelt hat als wir es wollten oder uns gewünscht haben. Wir wissen alle, dass das meiste davon morgen früh immer noch da ist. Wir schalten nicht auf null, nicht auf die Reset-Taste. So was gibt es im echten Leben nicht. Wir müssen Sachen regeln, die im alten Jahr angefangen worden sind, klar. Und das, was uns gestern oder letzten Monat verletzt hat, das tut morgen vermutlich noch genauso weh wie heute. Aber manchmal helfen uns solche Rituale wie heute Nacht dabei, wirklich auch mal ein Kapitel zu schließen, das schon längst geschlossen sein sollte. Vielleicht helfen solche Rituale beim Loslassen von Dingen und Sorgen, die wir schon lange mit uns tragen, die aber keinen Sinn mehr haben.

Raunächte. Sie gehen davon aus, dass wir von Mächten umgeben sind. Das tue ich auch. Aber ich bin gewiss, dass es nicht nur böse Mächte gibt. Nicht nur solche, die zerstörerisch wirken. Es gibt auch Gegenmächte. Mächte des Lebens. Der Liebe. Der Weite. Von guten Mächten ... Dieses Gedicht von Bonhoeffer, das er in der letzten Silvesternacht seines Lebens geschrieben hat, berührt und bewegt auch heute noch Menschen. Von guten Mächten wunderbar geborgen.

Er schreibt darin: „Wenn sich die Stille nun tief um uns breitet, so lass uns hören jenen vollen Klang der Welt, die unsichtbar sich um uns weitet, all deiner Kinder hohen Lobgesang." Von einer unsichtbaren Welt spricht er. Die uns umgibt.

Die Worte des Paulus, die wir gerade gehört haben, können vielleicht eine Art Türöffner sein zu dieser Welt: *Ich bin gewiss, dass weder Tod noch Leben, weder Engel noch Mächte noch Gewalten, weder Hohes noch Tiefes noch eine andere Kreatur uns scheiden kann von der Liebe Gottes.*

Ich bin gewiss ... Nichts kann uns scheiden von der Liebe Gottes. Das ist nicht einfach das Pfeifen im dunklen Keller. Das ist nicht: Ach, wird schon wieder. Hinter diesen Worten höre ich die Bedrängnis, die Paulus selbst auch in manchen Nächten den Schlaf geraubt hat. Er schreibt davon in seinen Briefen: Die Gefahren, denen er auf seinen Reisen ausgesetzt war, Schiffbruch. Räuber. Dann die Anfeindungen, Verhaftungen, Folter, die er erlebt hat. Dann aber auch die Sorge um seine Gemeinden. Und damit verbunden die Sorge um sein Lebenswerk. Die Sorge, vielleicht seine Berufung verfehlt zu haben. Die Frage, ob er seine Gemeinden mit seine Predigen ausreichend in die Lage versetzt hat, allem Schwierigen standzuhalten. Dann die Nöte von Einzelnen, die ihm nicht egal waren. All das mag ihn auch die eine oder andere Nacht gekostet haben.

Aber dagegen: Ich bin gewiss. Dieses Wort ist ein Lichtstrahl in der Nacht des Zweifelns. Es gibt solche Worte. Worte wie das „Fürchtet euch nicht" der Engel in der Heiligen Nacht. Der Nacht, die dafür gesorgt hat, dass wir auch in unseren Nächten nicht ohne ihn, ohne seine Liebe sein müssen.

Ich bin gewiss ... Nichts kann uns scheiden von der Liebe Gottes.

Lasst uns mit dieser Gewissheit in die Nacht gehen, die vor uns liegt, und in jeden Tag und jede Nacht des kommenden Jahres.

Amen

- ***Lied EG 543 Geh unter der Gnade***
- ***Rückblick „Persönliches"***

Im vergangen Jahr sind:
... Kinder getauft worden;
... Jugendliche konnten ihre Konfirmation feiern;
... Paare haben Ja zueinander gesagt;
... Paare konnten sich über 50 (...) gemeinsame Jahre freuen;
... Menschen aus unserer Gemeinde sind verstorben.

- ***Gebet***

Gott, mit diesen Zahlen ist manches Glück und manche Träne verbunden. Familien durften sich über ein Kind freuen, Jungen und Mädchen haben sich für ihr Leben segnen lassen, Paare haben sich Treue und Liebe geschworen, andere haben für den Segen in ihrer Ehe gedankt, Menschen mussten Abschied nehmen von einem Lieben.

Wir wissen sie und uns alle in deinen Händen. Du begleitest uns auf unserem Lebensweg von Beginn an und bleibst bei uns bis zum Ende und darüber hinaus. Du gibst uns Teil an deiner Liebe und an deinem Leben. Dafür danken wir dir.

- ***Kerzen anzünden (für jede „Gruppe" eine; dabei Musik)***
- ***Rückblick Kirchengemeinde***

Ein Jahr Leben einer Kirchengemeinde. Das besteht wie das Leben von uns Menschen auch aus besonderen Momenten und daneben aus vielem, was schon lange vertraut ist.

Benennen von Arbeitsfeldern vor Ort, Gruppen und Kreisen, besonderen Veranstaltungen (nach Möglichkeit so, dass viele der Gottesdienstbesuchter denken: „Ach ja, stimmt. Da war ich ja dabei")

Sicher wäre noch mehr zu nennen. Manches, was für alle sichtbar ist, vieles aber auch, was im Verborgenen geschieht.

Herzlichen Dank für alle Zeit und Fantasie und herzlichen Dank für jede Anregung und auch kritische Nachfrage. All das braucht es, um etwas auf die Beine stellen zu können.

- ***Lied Möge die Straße uns zusammenführen***
- ***Fürbitten***

Gott von Ewigkeit zu Ewigkeit. Am Abend dieses Tages und am Abend dieses Jahres sind wir vor dir versammelt, um Dank zu sagen für die Zeit, die du uns geschenkt hast. Lass uns bewahren, was gut war, und vergeben, was zu vergeben ist. Lass uns in dir verwurzelt bleiben.

Gott von Ewigkeit zu Ewigkeit. Manches aus dem vergangenen Jahr liegt noch schwer auf uns. Lass uns mit all dem bei dir Ruhe finden, trockne die Tränen und lass uns wieder Licht sehen.

Gott von Ewigkeit zu Ewigkeit, weil unsere Zeit in deinen Händen liegt, bitten wir dich um ein gesegnetes neues Jahr für uns und alle Menschen. Verleihe uns die Kraft zu Frieden und Versöhnung. Gib uns die Hoffnung und die Zuversicht, dass wir dir entgegengehen in Zeit und Ewigkeit.

- ***Vaterunser***
- ***Segen***
- ***Orgelnachspiel***

Happy New Year!

Andacht am Neujahrsabend

- ***Musik***
- ***Begrüßung***

Alles, was ihr tut mit Worten oder mit Werken, das tut alles im Namen des Herrn Jesus und dankt Gott, dem Vater, durch ihn. (Kolosser 3,17)

Ein neues Jahr hat begonnen. 12 Monate liegen vor uns und wollen mit Leben gefüllt werden.

Durch uns. Durch unser Tun und Entscheiden. Durch unsere Kraft, durch unsere Ideen.

Wie gut aber, dass wir damit nicht alleine dastehen mit dieser Aufgabe. Wie gut, dass es einen gibt, der uns hilft, unsere Zeit mit Leben zu füllen.

In seinem Namen sind wir hier. Im Namen des lebendigen und Leben schenkenden Gottes, im Namen des Vaters und des Sohnes und des Heiligen Geistes.

Amen

- ***Lied EG 266 Der Tag, mein Gott, ist nun vergangen***
- ***Psalm 8***
- ***Lied EG 272 Ich lobe meinen Gott von ganzem Herzen***
- ***Gebet***

Lebendiger Gott,

vor dir haben wir uns versammelt. Mit unseren Wünschen und Hoffnungen für das neue Jahr und auch mit unseren Ängsten und Befürchtungen. Wir bitten dich: Lass uns spüren, dass du bei uns bist. Jetzt hier in diesem Gottesdienst und an jedem der 365 Tage, die vor uns liegen.

Das bitten wir im Namen Jesu Christi, der mit dir und dem Heiligen Geist lebt und regiert von Ewigkeit zu Ewigkeit.

- ***Hinführung zur AT-Lesung***

Aufbruch. Josua, der Nachfolger von Mose, steht vor der Aufgabe, das Volk Israel ins gelobte Land zu führen. Er weiß noch nicht, wie es da ist, was da noch kommt, hat Respekt vor der großen Aufgabe. Gott sagt ihm: Keine Angst! Ich bin mit dir auf dem Weg.

Aufbruch. In ein neues Jahr. Wir wissen noch nicht, wie es da ist, was da noch kommt. Gott sagt auch uns: Keine Angst! Ich bin mit euch auf dem Weg.

- ***Lesung Josua 1,1–9***
- ***Lied EG 65 Von guten Mächten***
- ***Kurzansprache***

Liebe Gemeinde,

Schornsteinfeger, Kleeblätter, Schweine. In tausendfacher Ausführung haben sie gestern Abend den Besitzer gewechselt. Ein nettes Mitbringsel zur Silvesterparty. Gerne mit dem Aufkleber „Happy New Year“! Sie alle wollen vor allem sagen: Wir wünschen euch ein glückliches Jahr! Und dann die Millionen Glückskekse, die geöffnet und gegessen wurden. Jeder im Inneren einen kleinen Sinnspruch, der Orientierung geben soll in den nächsten 12 Monaten. So was wie: Wenn Sie sich anstrengen, dann werden Sie Erfolg haben. Oder: Reden ist Silber, Schweigen ist Gold. Der Wunsch, Glück zu haben. In diesen Tagen in aller Munde. Und in vielen Herzen auch.

Glück. Wer würde sich das wohl nicht wünschen? Vielleicht ist es für manchen das höchste Ziel überhaupt. Aber was hat es mit dem Glück eigentlich auf sich? Das höchste Glück der Erde liegt auf dem Rücken der Pferde, hat mir eine Schulfreundin ins Poesiealbum geschrieben. Nun, ich bin ziemlich sicher, da liegt es nicht. Glück sei erlernbar, trainierbar, heißt es auf mancher Internetseite, die man heutzutage aufrufen kann. Hm! Jeder sei seines Glückes Schmied, meinte schon früher der Volksmund zu wissen. Nein, glaube ich nicht. Jedenfalls nicht ungebrochen. Da kommt auch vieles von außen, das ich gar nicht selbst machen kann. So einfach ist es wohl nicht mit dem Glück. Interessant finde ich, was Eckart von Hirschhausen dazu meint, Sie wissen schon, dieser sympathische Kabarettist, der eigentlich Arzt ist, der aber wegen all der Fernseh- und Bühnenauftritte und all der Bücher gar nicht mehr zum Praktizieren kommt.

Er meint, es gebe fünf Arten von Glück.

Es gibt das Glück des Zufalls, das ist der Losgewinn, der Cent, den man auf der Straße findet, der Freund, der anruft, gerade in dem Moment, in dem man ihn dringend etwas fragen muss.

Dann gibt es das Glück des Momentes. Die Praline und die Tasse Kaffee am Feierabend, das Glas edler Rotwein, der Wellnesstag mit der Freundin einmal im Jahr. Dieses Glück lebt davon, dass es nur sporadisch auftaucht, nur dann und wann genossen wird, mehr davon wäre nicht mehr, sondern weniger.

Dann gibt es das Glück der Fülle. Herr von Hirschhausen nennt es das „Boah-ey"-Glück. Die Seligkeit, gepackt sein vom Wunder, vom Großartigen, vom Außergewöhnlichen. Das kann man nicht machen, aber dann und wann kann man es erleben.

Und dann gibt es noch das Glück der Selbstüberwindung. Das zu erleben ist mit Mühe verbunden. Wenn man an die eigenen Grenzen geht und nicht vorher aufgibt, wenn man weitermacht und dann noch ein bisschen weiter und merkt: Es geht ja doch.

Und schließlich das Glück der Gemeinschaft. Liebe, Freundschaft, feste Beziehungen, Vertrauen.

Fünf Arten, Glück zu erleben. Manches davon fliegt uns einfach zu, manches geschieht ohne unser Zutun, an manchem können und müssen wir uns auch beteiligen. Man kann Glück zwar nicht machen, aber man kann mithelfen oder eben auch verhindern, dass man es empfindet. Auch dadurch, wie man auf das Leben blickt, wie man es deutet, woran man sich hält.

Christinnen und Christen finden auch in ihrem Glauben Glück. Glauben können macht glücklich. Nicht immer himmelhochjauchzend natürlich. Kein Dauergrinsen. Aber wer mit Gott auf dem Weg ist, hat die Chance auf besondere Glückserfahrungen.

Und da schaue ich noch einmal genauer auf die fünf Arten des Glücks, die Herr Hirschhausen aus dem Großen und Ganzen extrahiert hat. Vielleicht haben die auch etwas mit dem „Glaubensglück" zu tun.

Das Glück des Zufalls. Wer weiß denn, woher uns was zufällt? Manchmal denke ich im Nachhinein, dies oder jenes, vielleicht sollte das genau jetzt so sein. Und manchmal erkenne ich sogar, wofür es am Ende gut war. Manchmal antwortet irgendetwas, was ich zufällig am Wegesrand entdecke, auf eine Frage, die ich im Inneren hin- und herbewege. Warum sollte nicht Gott seine Hände bei diesem oder jenem im Spiel haben können?

Und dann das Glück des besonderen Moments. Das Plätzchenbacken am Samstag vor dem ersten Advent. Die Krippenfiguren, die wir am Heiligen Abend unter den Baum stellen. Gerade an diesen schönen Traditionen merken wir, dass das auch seinen begrenzten Rahmen braucht, um noch etwas auszusagen. Wenn die Krippe das ganze Jahr über im Wohnzimmer stünde, dann würde niemand mehr ihre Botschaft beachten.

Dann das Glück der Fülle. Das passiert. Dass Menschen überwältigt sind von einer spirituellen Erfahrung, einer Gottesbegegnung, von etwas, das sie als Wunder erleben. In der Natur vielleicht, in einem Gottesdienst, im Schweigen in alten Klostermauern, im Hören eines Oratoriums.

Und auch das Glück der Selbstüberwindung. Mit meinem Gott kann ich über Mauern springen. So heißt es in der Bibel. Gott will nicht, dass wir unsere Gaben verkümmern lassen, will nicht, dass wir uns bequem zurücklehnen und denken: „Ach, reicht schon." Er will, dass wir unsere Möglichkeiten ausprobieren und Grenzen überwinden. Und dann merken, was alles in uns steckt.

Und dann noch das Glück der Gemeinschaft. Mit anderen gemeinsam auf dem Weg sein. Und wissen, Gott ist auch mit dabei. Das ist Kern und Sinn der christlichen Gemeinde. Nicht alles alleine schaffen müssen. Sondern Menschen zu kennen, die helfen, die zuhören und die auch meine Unterstützung brauchen. Mit anderen zu fragen, zu beten, zu singen, zu feiern. Freude und Leid teilen. Und da wo wir einander nahe sind, da wo wir füreinander da sind, da ist auch Gott mitten unter uns.

Fünf Arten des Glücks. Fünf Arten des Glaubensglücks.

In diesem Sinne: Happy New Year! Ein glückliches neues Jahr. Eines, das unter dem Segen Gottes steht. Das wünsche ich uns allen von Herzen.

Amen

- ***Lied Viel Glück und viel Segen (a cappella, als Kanon, möglichst vielstimmig)***
- ***Abkündigungen/Ansagen (kurz, nur das Nötigste)***
- ***Schlussgebet mit Strophen aus Lied EG 58 Nun lasst uns gehen und treten***

Liedstrophe 58,1

Nun lasst uns gehn und treten mit Singen und mit Beten zum Herrn, der unserem Leben bis hierher Kraft gegeben.

Gott, unsere Zeit steht in deinen Händen.

Ein neues Jahr liegt vor uns. Wir wünschen uns, dass es möglichst viele gute Tage für uns bringt, Tage voll Unbeschwertheit und Glück. Tage voll Kraft und Gesundheit. Wir wissen aber auch, dass es andere Zeiten geben kann und wohl auch geben wird, schwierige Zeiten, traurige Stunden, Tage, wo uns der Mut verlassen will. Wir bitten um dein Erbarmen für alle Tage.

Liedstrophe 58,2

Wir gehen dahin und wandern von einem Jahr zum anderen, wir leben und gedeihen, vom alten bis zum neuen.

Gott, unsere Zeit steht in deinen Händen.

Ein neues Jahr liegt vor uns. Ein Jahr, in dem wir auch wieder vor Aufgaben gestellt werden, die wir zu bestehen haben, in der Familie, im Dorf, im Beruf. Dafür wünschen wir uns Kraft und die richtige Entscheidung zur richtigen Zeit. Wir wünschen uns, dass wir sehen, wo wir gebraucht werden und wo wir uns mit unseren Talenten einsetzen sollen. Wir bitten um dein Erbarmen für alle unsere Vorhaben.

Liedstrophe 58,6

Ach, Hüter, unsres Lebens, fürwahr es ist vergebens mit unserem Tun und Machen, wo nicht dein Augen wachen.

Gott, unsere Zeit steht in deinen Händen.

Ein neues Jahr liegt vor uns. Ein Jahr, in dem wir auch wieder Fehler machen werden. An manchen Aufgaben scheitern, Menschen verletzen, oft ohne es zu wollen. Ein Jahr, in dem wir auch Schuld auf uns laden werden. Wir wünschen uns dann Einsicht und den Mut zur Umkehr. Wir bitten um dein Erbarmen für unser Versagen.

Liedstrophe 58,7

Gelobt sei deine Treue, die alle Morgen neue, Lob sei den starken Händen, die alles Herzleid wenden.

Gott, du bist in dieser Welt erschienen und willst diese Welt immer neu zum Leuchten bringen. Sende deinen hellen Schein in unsere Herzen. Mache unsere Gedanken weit und hoffnungsfroh, unsere Stimmen hell, lass unsere Augen leuchten. Lass uns mit allem, was wir sind und haben, voller Hoffnung sein, dass du mitten unter uns bist durch deinen Geist.

Liedstrophe 58,11

Sprich deinen milden Segen zu allen unsern Wegen, lass Großen und auch Kleinen die Gnadensonne scheinen.

- ***Einladung zur persönlichen Segnung***

Gesegnet werden. Für manchen das Wichtigste in einem Gottesdienst. In diesem besonderen Gottesdienst zum neuen Jahr können Sie sich jetzt persönlich segnen lassen. Jeder, der mag, komme gleich nach vorne. Wir stellen uns im Kreis/Halbkreis auf, ich werde herumgehen und jedem, der das möchte, ein Kreuz in die Hand zeichnen und einen Segen sprechen.

(eventuell mit Spruchkarten, die vorher aus einer Schale genommen werden: Vorlesen des Spruches und Zeichnen eines Kreuzeszeichens in die Hand oder auf die Stirn; oder ein gleichlautender kurzer Segen für jeden; dabei leise Musik)

- ***Vaterunser***

(wenn alle vor dem Altar stehen, dann noch dort im Kreis; falls Gottesdienstbesucher sitzen geblieben sind, erst dann, wenn alle wieder an ihrem Platz sind)

- ***Segen***
- ***Musik***

Mache dich auf und werde licht!

Gottesdienst zu Epiphanias (Jesaja 60,1–6)

- ***Orgelvorspiel***
- ***Begrüßung***

Die Finsternis vergeht und das wahre Licht scheint jetzt.

Epiphanias. Das Fest der Erscheinung Christi. Fest verbunden mit der Ankunft der Heiligen Drei Könige beim Stall von Bethlehem.

Das himmlische Licht, so dürfen wir hören, scheint auch hier bei uns, in unserem Leben. Wir sollen uns auf die Suche machen danach.

Lasst uns diesen Gottesdienst feiern im Namen des Vaters, der am Anfang sprach: Es werde Licht. Im Namen des Sohnes, der als Licht in diese Welt kam. Im Namen des Heiligen Geistes, der einen hellen Schein in unseren Herzen entzündet.

- ***Lied EG 66,1–2+5 Jesus ist kommen***
- ***Psalm 67***
- ***Eingangsliturgie***
- ***Gebet***[9]

9 Aus: Evangelisches Gottesdienstbuch, hgg. von der Kirchenleitung der Vereinigten Evangelisch-Lutherischen Kirche Deutschlands und im Auftrag des Rates von der Kirchenkanzlei der Evangelischen Kirche der Union, Berlin 2000, S. 271.

Barmherziger Gott,

du hast in Christus dein Licht aufgehen lassen über aller Dunkelheit der Welt. Lass uns Leben hell und klar werden im Licht seiner Erscheinung und gib, dass auch andere das Licht erkennen, das mit ihm in die Welt gekommen ist, deinem Sohn Jesus Christus, in dem du uns deine Nähe schenkst heute und in Ewigkeit.

- ***Evangelium (Matthäus 12,1–12)***
- ***Lied EG 73,1+3–5 Auf, Seele, auf und säume nicht***
- ***Predigt***

Wer schon einmal in den Bergen war, der hat das Phänomen vielleicht erlebt. Unten im Tal, da liegt manchmal eine dicke Nebelschicht. Eine echte Suppe. Man sieht die umliegenden Bergspitzen nicht, geschweige denn den Himmel. Und wenn man sich dann trotzdem aufmacht auf die Wanderung auf den Berg, dann stößt man irgendwann an die Grenze des Nebels und noch ein paar Meter weiter hoch und dann plötzlich: Blau. Und Sonne. Strahlend. So, dass man vielleicht sogar für einen Moment die Augen zukneifen muss.

Die Sonne war immer da, natürlich, aber nicht jeder kann sie an jedem Ort auch sehen.

Der Stern von Bethlehem, der beleuchtete damals, zur Zeitenwende, den vorderorientalischen Himmel. Aber nicht jeder hat ihn sehen können. Oder anders: Nicht jeder hat in ihm etwas Besonderes sehen können.

Für drei Menschen war er das Signal, sich auf den Weg zu machen. Na ja, ehrlich gesagt, wir wissen gar nicht, ob es drei waren, davon sagt die Bibel nämlich nichts. Aber sei's drum. Jeder, der überhaupt davon spricht, spricht von den Heiligen Drei Königen.

Weise waren sie, Sterndeuter wohl. Ihnen ist dieser besondere Stern aufgefallen. Und sie haben geforscht in alten Schriften. Vielleicht auch im Buch des Propheten Jesaja. Da heißt es nämlich so:

1 Mache dich auf, werde licht; denn dein Licht kommt, und die Herrlichkeit des HERRN geht auf über dir! 2 Denn siehe, Finsternis bedeckt das Erdreich und Dunkel die Völker; aber über dir geht auf der HERR, und seine Herrlichkeit erscheint über dir. 3 Und die Heiden werden zu deinem Lichte ziehen und die Könige zum Glanz, der über dir aufgeht. 4 Hebe deine Augen auf und sieh umher: Diese alle sind versammelt und kommen zu dir. Deine Söhne werden von ferne kommen und deine Töchter auf dem Arme hergetragen werden. 5 Dann wirst du deine Lust sehen und vor Freude strahlen, und dein Herz wird erbeben und weit werden, wenn sich die Schätze der Völker am Meer zu dir kehren und der Reichtum der Völker zu dir kommt. 6 Denn die Menge der Kamele wird dich bedecken, die jungen Kamele aus Midian und Efa. Sie werden aus Saba alle kommen, Gold und Weihrauch bringen und des HERRN Lob verkündigen. (Jesaja 60,1–10)

Vielleicht haben die Weisen deshalb Gold und Weihrauch eingepackt … Vorsichtshalber sozusagen. Falls sie – am Ende ihrer Reise – tatsächlich diejenigen sein sollten, von denen der Prophet Jesaja spricht …?

Propheten wie Jesaja sind Menschen, die schon mehr sehen, die einen Blick über den Bodennebel hinauswerfen durften. Und die den Menschen davon erzählen sollen, was sie da gesehen haben.

Mache dich auf und werde licht, denn dein Licht kommt.

Es ist Winterzeit. Hier bei uns in Deutschland, in Europa. Die Zeit der kurzen Tage, der niedrig stehenden Sonne. Die Zeit, in der sich viele Menschen nach Licht sehnen. Zeit der Kerzen, an Bäumen, auf den Tischen, in den Fenstern.

Denn dein Licht kommt. Im Winter können wir die Sehnsucht, die darin liegt, besonders gut verstehen. Es wird uns zugesagt, dieses Licht. Aber gleichzeitig mit einer Aufforderung verbunden: Mache dich auf und werde licht.

Ach, mag mancher denken, jetzt soll ich nun schon wieder anderen leuchten. Und vielleicht macht sich Überforderung breit. Wie soll ich denn das jetzt auch noch schaffen, wie das auch noch leisten. Ich bin doch selbst oft am Rande meiner Kräfte.

Mache dich auf, werde licht. Das Spannende daran: Licht ist kleingeschrieben. Hören kann man das nicht. Aber sehen. Mancher stöhnt in der Schule über unsere Groß- und Kleinschreibung und im Zeitalter von WhatsApp spielt das für viele keine so große Rolle mehr. Hier aber zumindest bringt die Groß- und Kleinschreibung die entscheidende Wende. Da steht nicht: Werde ein Licht für deine Mitmenschen, licht kleingeschrieben heißt ja eher hell, durchscheinend. Also eher eine Lichtung werden als ein Licht. Eine Lichtung macht ja auch nicht das Licht, sondern bietet dem Licht der Sonne einfach nur Raum.

Hell werden, durchscheinend werden für ein anderes Licht. Das ich nicht anzünden muss, das ich nicht am Brennen halten muss, sondern das durch mich hindurchleuchten kann in diese Welt.

Ich kenne Menschen, die so sind. Die sozusagen licht sind. Und die tun mir gut. Menschen, die Hoffnung ausstrahlen und Zuversicht, obwohl auch bei ihnen nicht alles immer blendend funktioniert. Menschen, die Heiterkeit ausstrahlen, obwohl ihnen auch nicht immer zum Lachen zumute ist. Menschen, die Lebendigkeit ausstrahlen. Die haben so etwas davon, von diesem licht sein. Die strahlen irgendwie von innen heraus. Vielleicht haben Sie im Moment auch so einen Menschen vor dem inneren Auge.

Das kann ein Kind sein, dem die Lebenslust einfach so aus allen Poren strömt. Das einen mit seiner Energie und Entdeckerfreude ansteckt.

Das kann ein Jugendlicher sein, der ganz genau wissen will, warum man etwas so tut und nicht anders. Dem man die Leidenschaft für das Leben anmerkt.

Das kann der Ehepartner sein, der sagt: Wir schaffen das schon. Ich lass dich jetzt nicht alleine.

Das kann ein Freund sein, der sagt, ach weißt du, so schwer ist das doch gar nicht. Du hast schon ganz andere Sachen hingekriegt.

Oder jemand, den man gar nicht weiter kennt. Der mit einem guten Wort oder auch nur einem Blick und einem Lächeln den Tag für mich ein bisschen heller macht.

Oder jemand, der tatsächlich mal den Mut aufbringt und ein Zeugnis gibt von seinem Glauben. Das mag gestammelt sein, überhaupt nicht druckreif, darauf kommt es gar nicht an. Es kann reichen, wenn da jemand, von dem du das vielleicht gar nicht erwartet hast, sagt: Wenn ich diesen Psalm höre vom guten Hirten, dann fühle ich mich irgendwie beschützt und geborgen.

So kann das aussehen, licht werden, durchscheinend werden für ein Licht, das außerhalb unserer selbst leuchtet.

Das ist ja alles gar nicht weltbewegend. Das ist keine große Anstrengung für die, die licht sind. Nicht weltbewegend. Aber menschenbewegend manchmal schon.

Wie nun kann ich licht werden, wie werde ich durchscheinend? Zuallererst, indem ich dem Licht traue, das schon da ist. Jedes Jahr zu Weihnachten erzählen wir wieder davon, singen wir wieder davon. Sich ein bisschen von diesem Weihnachtsglauben auch in den Januar und das weitere Jahr retten, das wäre ein Anfang. Nicht nur Heiligabend auf das Licht vertrauen, sondern auch im Alltag. Und dann so offen wie möglich durch diese Welt wandern, mit offenen Augen und offenem Herzen.

Mache dich auf und werde licht, denn dein Licht kommt. Menschen fassen so viele Vorsätze, wenn ein neues Jahr beginnt. Ich fände, dieses wäre ein wunderbarer Vorsatz: licht werden.

Amen

- ***Lied EG 603 Ins Wasser fällt ein Stein***
- ***Abkündigungen***
- ***Lied EG 72,1–5 O Jesu Christe, wahres Licht***
- ***Fürbitten***

Gott, allmächtiger und barmherziger Vater.

Dein erstes Wort: Es werde Licht – sprich das auch heute in unsere Welt hinein! Für die, die im Dunkeln stehen, die nicht sehen können, wie es weitergehen soll. Dass sich Wege zeigen, Perspektiven öffnen, Angst schwindet.

Herr Jesus Christus.

Du bist als Licht in diese Welt gekommen. Komm auch jetzt zu denen, die traurig sind, krank und müde, einsam, verbittert, zerstritten.

Dass neue Hoffnung wächst und Kraft wiederkehrt.

Heiliger Geist.

Du erleuchtest Herzen. Mach uns durchscheinend für das göttliche Licht. Dass auch durch uns diese Welt heller werden möge.

- ***Vaterunser***
- ***Entlassung/Segen***
- ***Orgelnachspiel***

Siehe, das ist mein Knecht

Gottesdienst zum 1. Sonntag nach Epiphanias (Jesaja 42,1–9)

- ***Orgelvorspiel***
- ***Lied EG 66,1–2+5 Jesus ist kommen***
- ***Begrüßung***
- ***Psalm 100***
- ***Eingangsliturgie***
- ***Gebet***

Barmherziger Gott,

wir kommen zu dir, weil du uns rufst. Wir kommen zu dir, weil wir deine Nähe suchen, deinen Beistand, deinen Geist. Wir kommen mit all dem, was wir haben und sind, mit unseren Talenten und Träumen, mit unserer Müdigkeit und Schwäche, mit dem, was gelungen ist, mit dem, was uns schwergefallen ist, mit dem, was wir planen und hoffen.

Sei du mitten unter uns, in unserem Gebet, in unserem Singen, in deinem Wort, in unserer Gemeinschaft.

Dir sei Ehre in Ewigkeit.

Amen

- ***Epistel (mit Halleluja)***
- ***Lied EG 419 Hilf, Herr, meines Lebens***

- ***Evangelium (mit Ehre sei dir, Herre … und Lob sei dir, o Christe)***
- ***Glaubensbekenntnis***
- ***Lied EG 202 Christ, unser Herr, zum Jordan kam***
- ***Predigt***

Kennen Sie Alfred? Alfred ist Knecht. Auf dem Hof der Svenssons. In Lönneberga. Er ist der beste Freund von Michel. Astrid Lindgren hat die wunderbaren Geschichten über die Streiche des blonden Lausebengels geschrieben. Generationen von Kindern lieben Michel und das, was er sich immer so ausdenkt. Sie lieben auch Klein Ida, seine reizende Schwester. Sie lieben vermutlich auch die Mutter, eine gütige und weise Frau. Sie lieben den Vater vermutlich nicht, denn er ist streng und oft auch ziemlich dumm, und Michel hat unter ihm immer wieder gehörig zu leiden. Sie lieben auch Lina, die Magd, nicht, denn sie ist noch dümmer und dazu wirklich dreist. Aber sie lieben bestimmt Alfred, den Knecht. Er ist ein gutmütiger Kerl, fleißig, hilfsbereit. Er tut das, was zu tun ist. Und macht kein Aufhebens um seine Person. Und er wirkt irgendwie glücklich damit. Er ist zufrieden mit seinem Leben. Obwohl es kein Zuckerschlecken ist. Obwohl er keine Reichtümer anhäufen kann. Obwohl er nicht frei entscheiden kann, was er jetzt tun will und was nicht. Er ist glücklich als Knecht, so scheint es. Das wäre für die allermeisten von uns sicher nicht die Traumaufgabe. Sicher nicht der Berufswunsch. Sicher nicht das, was wir uns für unsere Kinder und Enkelkinder ausmalen würden. Heutzutage gibt es auch kaum noch Knechte im früheren Sinn. Schon, weil es viel weniger Höfe gibt. Und auf denen, die es gibt, arbeiten, wenn sie klein sind, meist nur Familienmitglieder, weil man sich anderes gar nicht leisten kann. Und die großen Höfe haben Angestellte mit fest umrissenen Arbeitszeiten und einem Gehalt.

Ein Knecht. Mein Bild davon wird vor allem von solchen Geschichten und Filmen gespeist wie Michel aus Lönneberga. Und da wäre eben Alfred ein Paradebeispiel. Ein Knecht, wie er sein soll.

Von einem Knecht spricht der Prophet Jesaja. In biblischen Zeiten gab es viele davon. Sie waren in der Regel Leibeigene, Sklaven. Also Menschen, die keine freie Entscheidungsgewalt über ihr Leben hatten. Die einem Herrn gehörten. Die seinem Befehl zu folgen hatten. Und jeder, der die Worte über den Knecht hörte, hatte Bilder von tatsächlichen Knechten vor Augen. Und wusste, was damit verbunden war. Gehorsam und Ergebenheit auf der einen Seite. Das, was er tat, das tat er auf den Befehl des Herrn hin. Das war die eine Seite. Die andere war aber auch, dass er angewiesen war auf seinen Herrn, der für ihn zu sorgen hatte.

Lesung des Bibeltextes

So spricht der Herr: Siehe, das ist mein Knecht, den ich halte, und mein Auserwählter, an dem meine Seele Wohlgefallen hat. Ich habe ihm meinen Geist gegeben; er wird das Recht unter die Heiden bringen. Er wird nicht schreien noch rufen, und seine Stimme wird man nicht hören auf den Gassen. Das geknickte Rohr wird er nicht zerbrechen und den glimmenden Docht wird er nicht auslöschen. In Treue trägt er das Recht hinaus. Er selbst wird nicht verlöschen und nicht zerbrechen, bis er auf Erden das Recht aufrichte; und die Inseln warten auf seine Weisung. (Jesaja 42,1–9)

Vier Lieder im Jesajabuch erzählen von diesem besonderen Knecht. Dem Gottesknecht, wie er auch genannt wird. Eine Gestalt, die schillernd bleibt beim Propheten. Wir wissen nicht, wen der Autor dieser Zeilen sich vorgestellt hat. Ob es eine echte Person seiner Zeit ist, auf der große Hoffnungen ruhen. Ob er sich selbst damit meint. Ob er den für die Zukunft erwarteten Messias damit beschreiben will. Ob er an das Volk Israel als Ganzes denkt, das als Knecht die Weisung Gottes erfüllen soll und unter den Völkern so wirken. Auf jeden Fall haben später die ersten christlichen Theologen, Paulus und seine Mitstreiter, in diesen Worten beschrieben gefunden, was sie über Jesus sagen wollten. Er nahm Knechtsgestalt an. So heißt es in einem uralten Lied, einem Hymnus. Das heißt, er legt seinen Herrscherstatus ab und wechselt in eine andere Existenz, in die eines Knechtes, eines Abhängigen, eines Befehlsempfängers. Im Weihnachtslied wird das aufgenommen: Er wird ein Knecht und ich ein Herr, das mag ein Wechsel sein.

Siehe, das ist mein Knecht. Ich habe ihm meinen Geist gegeben. Die Evangelien verbinden diese Weissagung mit dem Bericht über die Taufe Jesu. Der Himmel tat sich auf und der Geist Gottes kam auf ihn herab.

Und dieser Geist ließ ihn so wirken, wie Gott es wollte. Sanftmütig, heilend, schützend. Als einer, der das Schwache nicht endgültig kaputt macht, sondern behütet und stärkt. Das geknickte Rohr wird er nicht zerbrechen und den glimmenden Docht wird er nicht auslöschen. Das hört sich schön an, aber es widerspricht dem, was wir in der Regel für vernünftig halten. „Ach, das hat doch keinen Zweck mehr! Komm, wirf es weg!" Ein geknicktes Rohr nützt nichts mehr. Da ist es vernünftiger, ein neues zu nehmen, das heil ist. Und auch ein glimmender Docht bringt nichts. Entweder brennen oder verlöscht sein. Das, was bei einem Rohr und einem Docht vernünftig sein mag, stellt sich aber anders dar bei einem Menschen. Da sind wir immer wieder darauf angewiesen, dass wir nicht aussortiert werden, wenn wir gerade nicht so funktionieren. Es gibt Zeiten, da ähnelt man eher dem geknickten Rohr und dem glimmenden Docht. Da ist die Kraft sehr begrenzt, das, was ich leisten kann, sehr eingeschränkt. Und selbst in den guten, kraftvollen Zeiten bringen wir doch immer auch unsere Knicke und Brüche mit. Wer ist denn schon perfekt? Manchmal kann man den Eindruck gewinnen, dass man so sein müsste. Dass alles klappen muss, dass man sich keine Schwäche leisten kann. In der Schule, im Beruf. Das setzt Menschen unter einen enormen Druck. Unter dem mancher auch zerbricht. Gut, wenn man dann Räume hat, wo es anders sein darf. Wenn man Menschen hat, bei denen man nicht perfekt sein muss, denen man sich auch mit den Knicken und Schwächen zeigen kann.

In der christlichen Gemeinschaft soll das so sein können. Da, wo Menschen diesem Gottesknecht nachfolgen wollen, wo sie sich an ihm ein Beispiel nehmen wollen. Das gelingt auch da leider nicht immer. Auch da werden Menschen ausgegrenzt, wird auf Schwächere heruntergeschaut. Auch Kirchengemeinden sind nicht das Paradies. Und da tut es vermutlich auch besonders weh, weil man es anders erwartet, zu Recht anders erwartet. Aber an vielen Stellen gelingt es dort tatsächlich. Dass eine Kirchengemeinde einen Raum bietet, wo man sich mit seinen Schwächen und Zweifeln zeigen kann, wo es auch akzeptiert wird, wenn man mal eine Weile nicht so kann. Wo man auch den Eindruck hat, hier weht tatsächlich etwas vom Geist Gottes. Darin, wie Menschen hier miteinander umgehen.

Siehe, das ist mein Knecht. Ich habe ihm meinen Geist gegeben. Er will, dass wir gemeinsam seine Knechte und Mägde sind. So wie Maria, die sich auch dem Auftrag gestellt hat, den sie von Gott empfangen hat. Siehe, ich bin des Herrn Magd. Mir geschehe, wie du gesagt hast. Knechte und Mägde. Die in seinem Auftrag unterwegs sind. Jeder mit den Gaben, die er eben mitbekommen hat. Da sind welche, die können gut in Worte fassen, was das Evangelium heute zu sagen hat. Da sind welche, die gut organisieren können. Das sind andere, die haben ein Händchen dafür, einen Raum schön und einladend zu gestalten, da sind welche, die laden gerne andere ein, um sich für einen Nachmittag mal bedienen zu lassen. Da sind welche, die gut zuhören können und sich gerne zu einem Menschen setzen, der erzählen möchte. Da sind welche, die musikalisch sind und anderen damit eine Freude machen. Da sind welche, die sich gut auf Kinder und Jugendliche einstellen können und einen Draht zu ihnen finden. Da sind welche, die gerne beten und das gerne auch für andere mittun. Da sind welche, die setzen sich für Flüchtlinge ein und für Gerechtigkeit. Und manches andere mehr. Für das alles sendet Gott seinen Geist. Das ist keine Fernsteuerung. Wir können und sollen schon auch noch selbst entscheiden, an welcher Stelle wir uns einbringen möchten. Und der Geist garantiert auch nicht dafür, dass wir immer alles richtig machen. Auch Gottesknechte und Gottesmägde bleiben begrenzte Menschen. Und das ist auch gar nicht so schlimm.

Siehe, das ist mein Knecht, an dem meine Seele Wohlgefallen hat. Gottes Seele hat an uns Wohlgefallen. An einem Sklaven im antiken Sinn braucht die Seele seines Herrn kein Wohlgefallen zu haben. Es reicht, wenn der Sklave seine Arbeit macht. Aber Gottes Seele hat Wohlgefallen an seinem Knecht. An uns also auch. Das heißt ja viel mehr, als dass wir einfach nur seine Befehlsempfänger sind. Einfach nur seine Werkzeuge wären. An dir, an mir hat seine Seele Wohlgefallen. Wir sind für ihn nicht Mittel zum Zweck. Sondern so wie wir sind, mit unseren Möglichkeiten und mit unseren Begrenzungen, so freut er sich über uns.

Siehe, das ist mein Knecht. Knecht sein. Magd sein. Das ist vermutlich nicht das Erste, was uns einfällt, wenn wir sagen sollten, was wir gerne wären. Aber eigentlich ist das eine schöne Aufgabe. Und glücklich kann sie auch machen. Da schaue man sich doch nur mal Alfred an, den Knecht der Familie Svensson, den Knecht der Familie von Michel aus Lönneberga.

Amen

- ***Lied EG 346,1–3 Such, wer da will, ein ander Ziel***
- ***Abkündigungen***
- ***Lied 170,1–3 Komm, Herr, segne uns***
- ***Schlussgebet***

Barmherziger Gott,

du rufst uns in deinen Dienst, um das Geschwächte und Geknickte zu stärken und zu schützen.

Wir bitten dich für alle, die für andere da sind, in den Familien, in den Kindergärten und Schulen, in den Heimen und Krankenhäusern. Dass ihnen die Kraft und die Geduld, die sie brauchen, immer wieder geschenkt wird.

Wir rufen zu dir: Herr, erbarme dich.

Wir bitten dich für alle, die an ihre Grenzen gekommen sind. Dass sie Menschen finden, die ihnen die Zeit und die Unterstützung geben, die sie brauchen. Und dass sie selbst das auch annehmen können.

Wir rufen zu dir: Herr, erbarme dich.

Wir bitten dich für alles, was in uns selbst geknickt ist. Dass wir auch damit liebevoll umgehen können.

Wir rufen zu dir: Herr, erbarme dich.

Wir bitten für alle, die das Sagen haben in dieser Welt. Dass sie bei ihrem Entscheiden und Handeln auch und besonders die im Blick haben, die nicht für sich selbst einstehen können.

Wir rufen zu dir: Herr, erbarme dich.

Wir bitten für alle, die sich für Frieden und Gerechtigkeit einsetzen. Dass sie einen langen Atem behalten.

Wir rufen zu dir: Herr, erbarme dich.

Wir bitten für alle, die in deiner Kirche leben und dienen. Dass sie die Lust daran behalten und dass sie selbst auch Freude darin finden.

Wir rufen zu dir: Herr, erbarme dich.

- ***Vaterunser***
- ***Segen***
- ***Orgelnachspiel***

Jesus und Johannes – und wir

Predigt am 1. Sonntag nach Epiphanias (Matthäus 3,13–17)

Da steht er in seinem Umhang aus Ziegenhaar. Die Haare lang und struppig, in den Augen ein wildes Leuchten. Und er predigt. Wie noch keiner zuvor. So scheint es den Leuten. Von Umkehr redet er und Buße. Dass jetzt eine neue Zeit anbricht und sich dafür alle bereit machen sollen. Weil Gott kommen will. „Ändert euer Leben. Bereitet dem Herrn den Weg." Und es geht ihnen durch und durch. Und in diesem Moment sind sie tatsächlich bereit, ihr ganzes Leben auf den Kopf zu stellen. Es klingt so wahr, es klingt so göttlich. Nachher, zu Hause, fällt ihnen doch wieder ein, dass es so einfach ja auch nicht geht. Da ist die Arbeit, da sind die Schulden abzuzahlen, da ist die Ausbildung der Kinder, da sind die Nachbarn, das alles eben. Aber morgen, da gehen sie wieder hin, zum Fluss, um ihn zu hören. Und vielleicht lassen sie sich dann auch von ihm taufen. Und beginnen wirklich ein neues Leben.

Da steht er in seinem Umhang aus Ziegenhaar. Er ist ein Star, die Leute kommen in Scharen. Nicht, weil er ihnen Honig um den Bart schmiert, das machen andere zur Genüge. Nein, weil er ihnen die Wahrheit sagt. Und Menschen brauchen das. Auch wenn sie oft genug der Wahrheit aus dem Wege gehen, die Augen zumachen, sich daran vorbeischleichen. Aber wenn sie ehrlich sind, dann suchen sie den einen, der ihnen endlich die Wahrheit sagt. Und das kann er, dieser Johannes, wie kein Zweiter, zumindest bisher. Und sie kommen, weil er ihnen ein Zeichen anbietet, weil er sie eintauchen lässt in Gottes Gegenwart, weil er tauft. Schmeichelt ihm das, dass die Leute kommen, jeden Tag mehr? Die Begeisterung der Männer, die Blicke der jungen Frauen, die an seinen Lippen hängen? Die Seligkeit, die aus den Gesichtern leuchtet, wenn sie wieder auftauchen aus dem Jordan. Das merkt er doch. Das wird doch irgendetwas mit ihm machen. Ist er vielleicht stolz? Er könnte sich schon etwas darauf einbilden. Tut er aber offenbar nicht.

Das wissen wir, weil es da diesen einen Tag gibt im Leben des Johannes. Diesen Tag, an dem zur Erfüllung kommt, was sein Lebensinhalt ist. Der Tag fängt an wie jeder. Im Morgengrauen steht er auf von seinem Strohlager, nimmt sich ein bisschen vom wilden Honig, ein paar Heuschrecken dazu. Nicht, dass er sich satt isst, das tut er nie, nur, dass er genug Kraft hat für den langen Tag in der heißen Sonne. Er geht zum Fluss, wo die Ersten schon stehen. Sie haben dort übernachtet, damit sie heute Morgen zu den Ersten gehören. Und er beginnt wieder mit seiner Predigt wie an jedem Tag zuvor. Und er tauft wie an jedem Tag zuvor.

Und plötzlich steht er vor ihm. Dieser Mann. Manche sagen, die beiden seien sogar verwandt. Ja, vielleicht, aber Johannes erinnert sich nur dunkel, wenn überhaupt. Da war so ein jüngerer Cousin. Sie haben als Kinder miteinander gespielt, wenn die Eltern sich mal besuchten. Aber besonders beeindruckt hat ihn dieser Junge damals nicht. Sicher war Johannes auch der Stärkere und wen beeindrucken schon kleinere und schwächere Vettern. Und er bekommt dieses Kind auch nicht mit dem Erwachsenen zusammen, der da jetzt vor ihm steht.

Die beiden Männer blicken sich an, ein Nicken vielleicht, ein Lächeln. Und plötzlich geht dem Täufer der Himmel auf. Das ist es, wovon er seit Monaten predigt, das ist es, worauf er ein ganzes Leben schon gewartet hat. Jetzt steht der vor ihm, als dessen Vorläufer er sich immer verstanden hat. Der, der größer ist als er, der mächtiger ist als er. Der den Menschen noch ganz anders von Gott erzählen wird, der ihnen Gott noch ganz anders wird nahebringen können. Und das tut dieser Jesus dann auch, nachdem er sich hat taufen lassen. Und die Menschen sind gebannt von seinen Worten und laufen ihm in Scharen hinterher, er heilt, er schenkt Hoffnung und Mut. Die Herzen der Menschen fliegen ihm zu, wohin er auch kommt.

Und Johannes? Johannes könnte neidisch sein. Johannes könnte sich jetzt zurückziehen, die Arme verschränkt, so ein bisschen beleidigt: Jetzt braucht ihr mich ja wohl nicht mehr. Jetzt habt ihr ja euren Star. Nein, das hat Johannes gar nicht nötig. Ich glaube, er ist froh über seine Rolle, nicht die Alpha-Position, sondern Beta, der dahinter, der Zweite, der für den Ersten den Weg bereitet. Und vielleicht ist er sogar erleichtert. Er muss das gar nicht alles selbst machen, er muss nicht alleine dafür sorgen, dass die Menschen erfahren, was Gott von ihnen will. Da ist ein anderer, der in noch viel größerer Vollmacht spricht. Der Gottes Willen noch viel besser kennt als er selbst. Johannes muss nicht Jesus sein. Und das tut ihm gut.

Jesus und Johannes.

Und wir? Wo kommen wir denn da vor? Wie Jesus sind wir nicht. Sind wir wie Johannes?

Da steht er in seinem Umhang aus Ziegenhaar. Er blickt über die Jahrhunderte hinweg und wundert sich vielleicht darüber, was aus all dem geworden ist in den zwei Jahrtausenden, die seitdem ins Land gegangen sind. Getauft wird noch immer. Gepredigt auch. Meist nicht mehr so wild wie zu seiner Zeit. Die Gewänder sind auch feiner geworden, beste Schurwolle. Na ja, andere Zeiten, andere Sitten. Wilden Honig und Heuschrecken gibt es auch nicht mehr, dafür Kaffee und selbst gebackene Torten am Sonntagnachmittag im Kirchencafé. Das ist ihm ziemlich fremd. Aber er sieht in die Gesichter der Menschen, die da zusammensitzen. Er sieht, wie froh sie sind, dass sie am Sonntagnachmittag nicht allein sind, dass sie es genießen, miteinander zu reden, sich zu erzählen von dem, was gerade dran ist, miteinander lachen, mitfühlen, wenn einer von Sorgen spricht. Und dann schaut er weiter. Er sieht, wie Menschen sich um Kinder kümmern, für sie

einen liebevollen Raum schaffen in der Kita neben dem Gemeindehaus. Er sieht die Kleinen spielen und toben, singen und malen und vor dem Essen beten. Er sieht, wie sie sich streiten und wie sie immer besser lernen, sich wieder zu vertragen. Er denkt: Schön ist das. Und er schaut weiter. Und er hört weiter. Menschen, die zusammenkommen und Musik machen. Sie üben für ihren Auftritt im Gottesdienst. Und wollen es so gut wie möglich machen. Deshalb spielen sie und spielen und sind erst zufrieden, als es so klingt, wie sie es sich vorstellen. Und Johannes bleibt ein bisschen bei ihnen. Er genießt die Klänge der Instrumente, die für ihn so völlig fremd sind. Und dann schaut er weiter und entdeckt noch ganz viel. Viele Leute. Die alle so ganz anders sind als er. Die ganz anders reden als er, aber die von Gott reden, daran besteht kein Zweifel. Leute, die auch, so wie er, Gott zu den Menschen bringen wollen, die Gott den Weg bereiten. Mit ihren eigenen Talenten und Möglichkeiten. „Erstaunlich, wie es weitergegangen ist“, denkt er bei sich. Johannes. Wie er so dasteht. In seinem Umhang aus Ziegenhaar. Und über die Jahrhunderte hinweg zu uns in unsere Gemeinden schaut. „Schön, wie es weitergegangen ist!“, denkt er dann auch noch.
Amen

neukirchener verlag

Leben aus dem Einen!

LChoice App kostenlos laden, dann Code scannen und ganz einfach beim Buchhändler Ihrer Wahl bestellen

LChoice

Praxiserprobte Andachten und Gottesdienstentwürfe

Sowohl für die andächtige Passionszeit als auch für die freudige Osterzeit bietet das Buch Impulse und fertige Texte zur Gottesdienstgestaltung. Neben den klassischen Gottesdienstformen gibt es auch Texte für Gemeindebriefe, einen Osternachtgottesdienst, eine Abendmahlsliturgie zur Konfirmation und einen Gottesdienstentwurf zur österlichen Halbzeit (16. Sonntag nach Trinitatis). Ein reicher Fundus mit Materialien zum Download.

Lisa Neuhaus
Aufstehen aus dem Schatten des Todes
Andachten und Gottesdienstentwürfe von Invokavit bis Exaudi
kartoniert, 256 Seiten, ISBN 978-3-7615-6514-8

www.neukirchener-verlage.de

neukirchener verlag

Leben aus dem Einen!

LChoice App kostenlos laden, dann Code scannen und ganz einfach beim Buchhändler Ihrer Wahl bestellen

LChoice

Neue Gebete für die Gottesdienst-Gestaltung

Für die Vorbereitung von Gottesdiensten bietet dieses Buch zahlreiche Hilfen an: Für die Sonn- und Feiertage des Kirchenjahres stellt es die wichtigsten Texte der neuen Perikopenordnung zusammen: Wochenspruch, Wochenpsalm, Lesungen. Darüber hinaus enthält es jeweils eine Psalmmeditation, ein Tages- und ein Fürbittengebet sowie weitere meditative Texte und einen Impuls für einen der Predigttexte. Die Gebete und Texte sind zeitgemäß formuliert und knüpfen zugleich an die bekannte Gebetstradition an.

Stephan Goldschmidt
Denn du bist unser Gott
Gebete, Texte und Impulse für die Gottesdienste des Kirchenjahres.
Zur neuen Perikopenordnung 2018
geb., zwei Lesebändchen, eingelegte CD-ROM, 256 Seiten, ISBN 978-3-7615-6553-7

www.neukirchener-verlage.de

Christiane Nadjé-Wirth
In tiefster Nacht erschienen